KOCHBUCH
FÜR STUDENTEN, BERUFSTÄTIGE UND ANFÄNGER

XXL

333 Rezepte

Extrem einfache, super schnelle und unglaublich leckere Rezepte aller Art für deinen Alltag.

CARO SOMMER

ISBN: 9798607094294

Inhaltsverzeichnis

Vorwort

Wenn es um das Thema Essen und Kochen geht, stehen viele Studenten, Berufseinsteiger oder auch Anfänger auf dem Schlauch. Sie wissen oftmals nicht, was sie sich zubereiten sollen um günstig und lecker zu essen. Darum greifen viele Studenten und Azubis oft zum Fast Food. Sei es ein Döner vom Türken, die Nudel Box vom Chinesen oder ganz klassisch Burger Menüs von McDonald's, Burger King und Co.

So sehr auch mittlerweile jeder weiß, dass diese Art von Ernährung nicht nur sehr ungesund ist. Nein, sie ist auch auf langfristiger Ebene sehr teuer. Viele Studenten und Azubis müssen oft mit relativ wenig Geld auskommen und da sind solche Ausgaben einfach nicht förderlich. Natürlich kann man sich hier und da mal was gönnen. Auch in diesem Buch werden einige Leckereien dabei sein, die man sich selber zubereiten kann, aber eine solche Ernährung auf tagtäglicher Basis ist immer Negativ. Sowohl für Gesundheit, als auch fürs Portemonnaie.

Die beste Methode um Geld zu sparen, sich gesünder zu ernähren und Spaß beim Essen zu haben ist es, sich sein Essen selbst zuzubereiten. Das mögen viele natürlich wissen, aber es ist für einige oft eine Qual, da sie sich mit der Zubereitung sehr schwertun und nicht wirklich wissen was sie essen sollen. Doch auch dafür gibt es eine Lösung und ich möchte so vielen Leuten bei diesem Problem helfen.

Was erwartet Sie in diesem Kochbuch?

In diesem vollgepackten XXL-Kochbuch werden Sie lernen wie sie mit gängigen Zutaten, einfache und schnelle Gerichte zubereiten können. Auf Sie warten 333 Rezepte. Sei es vom Fleisch, Fisch oder auch für Vegetarier und Veganer. Unglaublich viele Rezepte für Ihr Frühstück oder Salate und Suppen für den ***Kleinen Hunger*** zwischendurch. Zudem sehr viele leckere Rezepte für den ***Großen Hunger.*** Super smarte und unkomplizierte ***Vegetarische und Vegane Rezepte, Dips & Saucen*** und auch ***Snacks & Desserts*** für einen entspannenden Fernsehabend. Natürlich dürfen ***Getränke*** nicht fehlen. Von Shakes über Smoothies bis hin zu Drinks mit Alkohol und auch ohne ist alles dabei.

Tipps für einen cleveren Einkauf

Der Anfang von leckeren Gerichten ist nicht die Zubereitung, sondern der Einkauf. Damit dieser erfolgreich gelingt und man nicht schon bei der ersten Aufgabe verzweifelt, müssen einige grundlegenden Dinge beachtet werden.

Einkaufsliste schreiben: Bevor man sich auf den Weg zum Supermarkt macht, ist es immer wichtig und notwendig eine Liste mit allen notwendigen Lebensmitteln zu schreiben. So wissen Sie immer genau was sie brauchen und können Ihren Einkauf schnell und effektiv bewältigen.

Nicht hungrig einkaufen: Gehen Sie niemals hungrig einkaufen. Denn sonst landet unnötig viel im Einkaufswagen und sie haben dementsprechend somit mehr Geld ausgegeben als notwendig.

Günstigere Lebensmittel: Ein altbekannter Trick, den dennoch nicht viele kennen ist, dass die günstigeren Produkte oft im Regal weiter unten stehen. Anstatt die teuren Premium Produkte zu kaufen, kann man auch auf die günstigeren Alternativen zurückgreifen, die oftmals qualitativ sehr gut mithalten können.

Saisonales Obst & Gemüse aus der Region: Für qualitativ hochwertiges Obst und Gemüse, ist es ratsam anstatt des Supermarkts den Bauernmarkt zu bevorzugen. Diese sind günstiger, frischer und leckerer als vom Einzelhandel.

Frische & Qualität: Wie schon erwähnt, sollte man sein Obst und Gemüse immer regional einkaufen. Je kürzer der Transportweg, desto leckerer, günstiger und frischer die Lebensmittel.

Fleisch & Fisch: Wenn man Fleisch & Fisch essen will, sollte man anstatt des Supermarktes den Metzger oder den Fischmarkt bevorzugen. Hier lohnt es sich allemal mehr Geld auszugeben, um auf Qualität zu setzen.

Die Küchenausstattung

Um seine Gerichte vernünftig zuzubereiten, werden natürlich auch einige Ausstattungen gebraucht. Diese habe ich Ihnen hier aufgelistet.

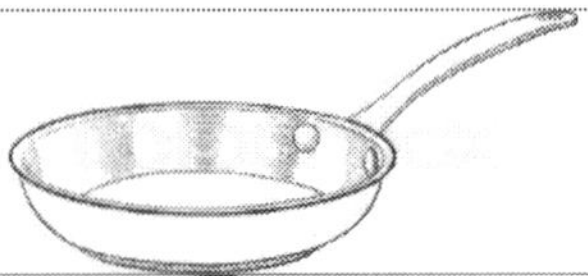

Eine beschichte Pfanne mit Deckel und hohem Rand.

Ein großer und kleiner Topf mit Deckel.

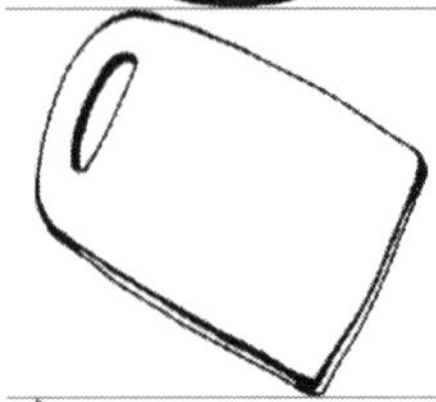

Ein Schneidebrett aus Holz für Gemüse, Obst etc. Ein Schneidebrett aus Plastik für Fleisch und Fisch.

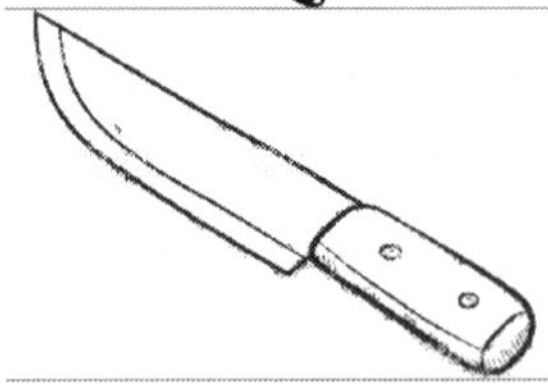

Jeweils ein Messer zum Brot schneiden und ein Messer zum Kleinhacken von Fleisch, Fisch, Obst und Gemüse.

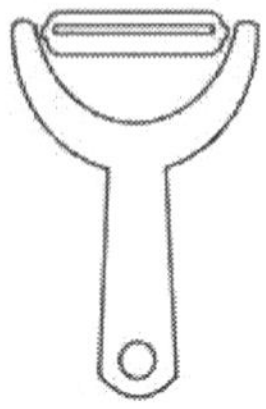

Ein Sparschäler zum Schälen vom Gemüsesorten.

Ein Schopflöffel für Suppen und Saucen.

Ein Kochlöffel ist so gut wie immer notwendig.

Ein Pfannenwender um Spiegeleier, Pfannkuchen etc. zu wenden.

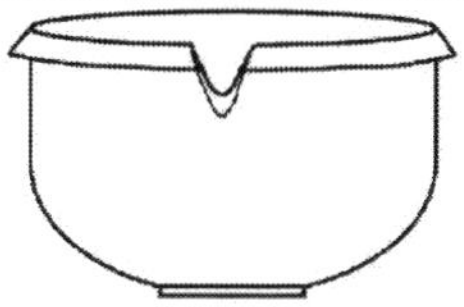

Rührschüssel von klein bis groß.

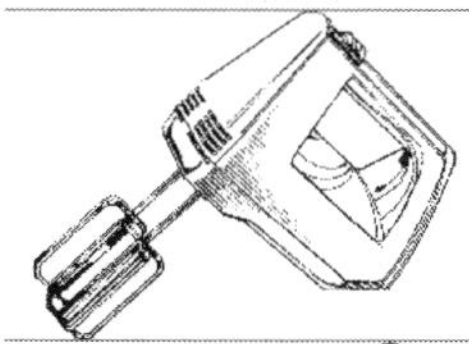

Handrührgerät um alles ordentlich gleichmäßig zu pürieren.

Schneebesen für den Pfannkuchenteig oder das Salatdressing.

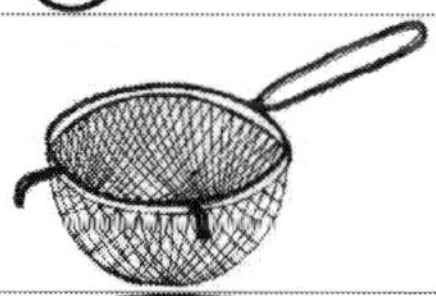

Ein feines Sieb zum Passieren von Saucen oder zum Sieben von Puderzucker oder ähnliches.

Ein Messbecher zum Messen von Millimetern als auch Grammangaben für Mehl und Zucker.

Eine Reibe um Gurken, Möhren oder auch Käse zu verkleinern.

Aufflaufformen für kleine und große Portionen.

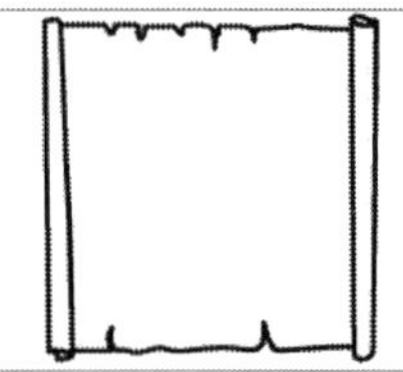

Backpapier ist ein Muss wenn es ums backen geht.

Die Küchenwaage ist immer und überall sehr hilfreich.

Die Knoblauchpresse erspart Anfängern Zeit und Nerven.

FRÜHSTÜCK

Ciabatta Spiegelei

Zubereitungsdauer

10 Minuten

Zutaten für 1 Person

1 dicke Scheibe Ciabatta Brot | **8** Kirschtomaten | **6EL** Olivenöl | **6** Basilikumblätter | **1** Ei | **3 Scheiben** italienische Salami | **1 Prise** Salz und Pfeffer

---

Zubereitung

1. Tomaten ordentlich waschen, vierteln und in einer mit 1EL Olivenöl befetteten Pfanne kurz anbraten. Anschließend salzen, pfeffern, die grob gehackten Basilikumblättern untermischen und auf einen Teller servieren.
2. 5EL Olivenöl in die Pfanne geben und das Ei bei schwacher Hitze aufschlagen und stocken lassen. Anschließend salzen und pfeffern.
3. Das Spiegelei und die Salamischeiben auf dem Brot servieren und daneben mit den Tomaten anrichten.

Guten Appetit. :-)

Vollkorn Sandwich

Zubereitungsdauer

5 Minuten

Zutaten für 1 Person

1 Scheibe Vollkornbrot | **2 Scheiben** Hähnchenbrustaufschnitt | **3** Kirschtomaten | **1** Ei | **2** Salatblätter | **jeweils 2EL** Frischkäse und Sonnenblumenöl | **Halbes Bund** Schnittlauch | **3 Zweige** Dill | **1 Prise** Salz und Pfeffer

---

Zubereitung

1. Kräuter kleinhacken, mit dem Frischkäse vermengen und ein wenig salzen und pfeffern.
2. Das Ei mit Sonnenblumenöl und ein wenig Salz und Pfeffer anbraten. Anschließend das Eigelb zerdrücken, damit es aufplatzt.
3. Tomaten in feine Scheiben schneiden und gemeinsam mit dem Spiegelei, dem Hähnchenbrustaufschnitt, Salat und dem Frischkäse auf dem Vollkornbrot servieren.

Guten Appetit. :-)

Erdnuss-Himbeeren Baguette

Zubereitungsdauer

10 Minuten

Zutaten für 1 Person

Jeweils 3EL Milch und Mandelblättchen | **2EL** Magerquark | **1EL** Himbeerkonfitüre | **1** Ei | **2 dicke Scheiben** Baguette | **2TL** Erdnussbutter | **1TL** Butter

---

Zubereitung

1. In einer Schale die Konfitüre mit dem Quark vermengen und in einer anderen Schale das Ei mit der Milch verquirlen.
2. Die Mandelblättchen auf einem Teller verstreuen.
3. Anschließend die Baguettescheiben waagerecht längs halbieren und mit der Erdnussbutter beschmieren.
4. Die Baguette Hälften in der Ei-Milch Mischung tunken, dann in den Mandeln wenden und in der Pfanne bei mittlerer Temperatur anbraten bis sie von allen Seiten goldbraun geworden sind.
5. Mit dem Himbeerquark servieren und genießen.

Guten Appetit. :-)

Schinken Spieße

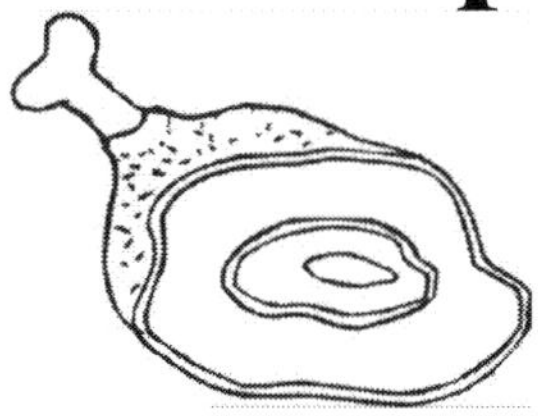

Zubereitungsdauer

10 Minuten

Zutaten

1 Scheibe roher Schinken | **10** Pommes Noisetten (kleine Kartoffelkugeln tiefgekühlt) | **5** Kirschtomaten | **10** Holzspieße

---

Zubereitung

1. Als erstes werden die Pommes Noisetten für 25 Minuten bei 230°C Ober- und Unterhitze im Ofen gebacken.
2. Währenddessen Kirschtomaten waschen und in zwei Hälften schneiden.
3. Den Schinken in 10 Einzelteile kleinschneiden.
4. Anschließend wird auf jedes Holzspieß je ein Stück Schinken, fertig gebackene Pommes Noisette und Kirschtomate draufgesetzt.

Guten Appetit. :-)

Lachsschinken Sandwich

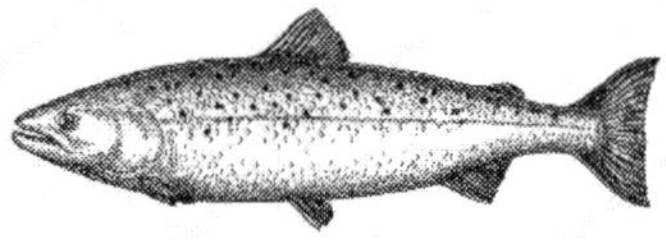

Zubereitungsdauer

10 Minuten

Zutaten für 1 Person

4 Scheiben Lachsschinken | **jeweils 2 Scheiben** Weißbrot und Emmentaler Käse | **1TL** Sonnenblumenöl | **3EL** Milch | **1** Tomate | **1 Prise** Salz und Pfeffer | **1** Ei | **einige** Petersilienblätter

Zubereitung

1. Die Petersilienblätter feinhacken und gemeinsam mit der Milch, dem Ei und ein wenig Salz und Pfeffer vermengen.
2. Anschließend eine Brotscheibe abwechselnd mit einer Tomatenscheibe, Emmentaler und Lachsschinken belegen und die zweite Brotscheibe oben drauflegen.
3. Das Brot in der Ei-Milch Mischung tunken und in einer mit Öl befetteten Pfanne bei mittlerer Temperatur von beiden Seiten goldbraun anbraten.

Guten Appetit. :-)

Schinken Rührei

Zubereitungsdauer

10 Minuten

Zutaten für 1 Person

3 Eier | **2 Scheiben** Kochschinken | **1TL** Butter | **1 Prise** Salz und Pfeffer

---

Zubereitung

1. Den Schinken kleinhacken und in einer mit Butter befetteten Pfanne für 2-3 Minuten bei mittlerer Temperatur anbraten.
2. Anschließend die Eier hineingeben, aufstocken lassen und gut durchrühren.
3. Solange durchrühren bis die Eier gestockt sind. Noch ein wenig mit Salz und Pfeffer würzen.

Guten Appetit. :-)

Gemüse Rührei

Zubereitungsdauer

10 Minuten

Zutaten für 1 Person

3 Eier | **2 Scheiben** Vollkornbrot | **1TL** Sonnenblumenöl | **1 Prise** Salz und Pfeffer | **Halbe** Paprikaschote | **1 Handvoll** Petersilien | **Halbes Bund** Schnittlauch | **2** Radieschen | **1** Tomate | **Halbe Schale** Sprossen

---

Zubereitung

1. Die Eier in einer Schüssel aufschlagen und mit Salz und Pfeffer würzen und vermengen.
2. Die Paprikaschote kleinwürfeln und in einer mit Öl befetteten Pfanne kurz anbraten. Anschließend die Eier dazu gießen, dabei unter ständigem Rühren kurz stocken lassen.
3. Den Schnittlauch in Ringe schneiden und die Petersilienblätter kleinhacken. Beides mit in die Pfanne geben und unterrühren.
4. Die Vollkornbrotscheiben mit Tomatenscheiben und dem Rührei belegen.
5. Zum Schluss mit den Radieschen und den Sprossen servieren.

Guten Appetit. :-)

Bratwurst Omelett

Zubereitungsdauer

10 Minuten

Zutaten für 2 Personen

3 Eier | **3EL** Milch | **2EL** geriebener Gouda | **2** Bratwürste | **4 Scheiben** Frühstücksspeck | **1EL** Sonnenblumenöl | **1 Prise** Salz und Pfeffer

Zubereitung

1. Die Milch, Eier, Gouda, Salz und Pfeffer in einer Schale ordentlich miteinander vermengen.
2. Bratwürste kleinschneiden und in einer öligen Pfanne bei mittlerer Temperatur anbraten. Das kleingehackte Frühstücksspeck ebenfalls rundherum anbraten.
3. Anschließend die Eiermischung mit in die Pfanne gießen und für 3-4 Minuten bei mittlerer Temperatur stocken lassen.
4. Das Omelett hin und wieder wenden für eine gleichmäßig, goldbraune Farbe.

Guten Appetit. :-)

Zucchini Cheese Omelett

Zubereitungsdauer

20 Minuten

Zutaten für 1 Person

3 Eier | **1 kleine** Zucchini | **1TL** Sonnenblumenöl | **1 Handvoll** Rucola | **5** Kirschtomaten | **1TL** geriebener Parmesan | **1 Prise** Salz und Pfeffer

---

Zubereitung

1. Die drei Eier in einer Schale aufschlagen und mit Salz und Pfeffer verquirlen.
2. Zucchini längs halbieren und mit einem Gurkenhobel in Scheiben schneiden.
3. Die Zucchinischeiben in einer öligen Pfanne für 2 Minuten bei mittlerer Temperatur anbraten, Eiermischung vorsichtig darüber gießen und 3-4 Minuten stocken lassen.
4. Das Omelett hin und wieder wenden, damit es beidseitig eine goldbraune Farbe bekommt.
5. Anschließend die Kirschtomaten in feine Scheiben schneiden und gemeinsam mit dem Rucola und dem Parmesan auf dem Omelett servieren.

Guten Appetit. :-)

Strawberry Porridge

Zubereitungsdauer

5 Minuten

Zutaten für 1 Person

150ml Milch | **7EL** Haferflocken | **1EL** Rosinen und gehackte Mandelkerne | **2EL** Naturjoghurt | **½ TL** brauner Zucker | **8** Erdbeeren | **1 Prise** gemahlener Zimt

---

Zubereitung

1. Die Milch in einem Topf heiß aufkochen lassen.
2. Währenddessen die Rosinen halbieren und gemeinsam mit den Mandeln, den Haferflocken und den Zimt in eine Schale geben und die heiß aufgekochte Milch darüber gießen. Das Ganze gut umrühren und für 10 Minuten ruhen lassen.
3. Geviertelte Erdbeeren gemeinsam mit dem Joghurt und dem Zucker auf dem Porridge servieren.

Guten Appetit. :-)

Kefir Müsli

Zubereitungsdauer

5 Minuten

Zutaten für 1 Person

200ml Kefir | **1** Grapefruit | **1** Apfel | **1** Möhre | **jeweils 1TL** Honig und Zitronensaft | **6EL** Haferflocken | **1EL** kleingehackte Haselnusskerne

---

Zubereitung

1. Den Apfel und die Möhre ordentlich schälen und mit einer Reibe in eine Schüssel kleinreiben.
2. Hinzu kommen die Haselnusskerne, Haferflocken, Zitronensaft, Kefir und der Honig. Das Ganze gut miteinander vermischen und 5 Minuten ruhen lassen.
3. Zu guter Letzt Grapefruit schälen, das Fruchtfleisch in feine Scheiben schneiden und darüber servieren.

Guten Appetit. :-)

Banana Couscous

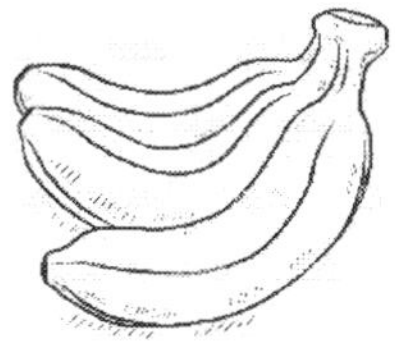

Zubereitungsdauer

10 Minuten

Zutaten für 1 Person

8 Scheiben getrocknete Banane | **100g** Instant Couscous | **2EL** Studentenfutter | **1** Mandarine | **1TL** Honig

---

Zubereitung

1. Den gesamten Couscous in eine Schüssel geben und mit 200ml heiß aufgekochtem Wasser übergießen. Anschließend für 10 Minuten bei gelegentlichem rühren ruhen lassen.
2. Die Bananenscheiben vierteln, mit dem grob gehacktem Studentenfutter und dem Honig in den Couscous rühren.
3. Zu guter Letzt die Mandarine schälen, filetieren und auf dem Couscous servieren.

Guten Appetit. :-)

Blaubeeren Hüttenkäse

Zubereitungsdauer

10 Minuten

Zutaten für 1 Person

200g Hüttenkäse | **125g** Blaubeeren | **8** Amarettini | **5** Cashewkerne | **1 Scheibe** Pumpernickel | **½** Bio Zitrone | **2EL** Ahornsirup

---

Zubereitung

1. 100g der Blaubeeren in einer Schüssel zermatschen und mit dem Hüttenkäse vermengen.
2. Anschließend den Pumpernickel zerbröseln und die Amarettini zerdrücken. Alles gemeinsam mit dem Schalenabrieb der Zitrone und dem Ahornsirup in eine Schüssel geben und vermischen.
3. Anschließend die Cashewkerne kleinhacken und gemeinsam mit den restlichen Blaubeeren, kleingemachten Amarettini und dem zerbröselten Pumpernickel über den Hüttenkäse geben.

Guten Appetit. :-)

Schwarzwälder Schinken Brot

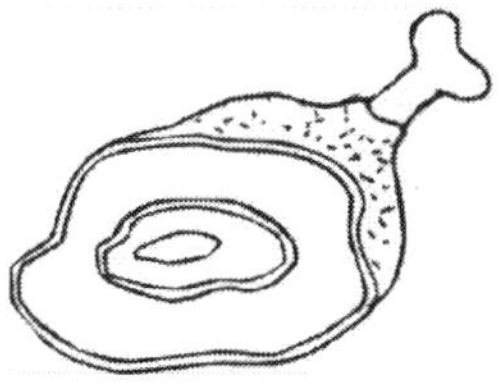

Zubereitungsdauer

10 Minuten

Zutaten für 1 Person

80g Brie | **4EL** Hüttenkäse | **2EL** Preiselbeer Konfitüre | **1EL** gehackte Walnusskerne | **4 Scheiben** Schwarzwälder Schinken | **2 Scheiben** Roggenbrot

---

Zubereitung

1. Als erstes wird der Brief feingewürfelt und mit dem Hüttenkäse in einer Schüssel vermengt.
2. Die Walnusskerne werden mit den Preiselbeer Konfitüre in einer separaten Schüssel vermengt.
3. Schlussendlich werden die Roggenbrote mit dem Brie, dem Schinken und Walnuss-Preiselbeer Konfitüre belegt und serviert.

Guten Appetit. :-)

Bananen Vollkorntoast

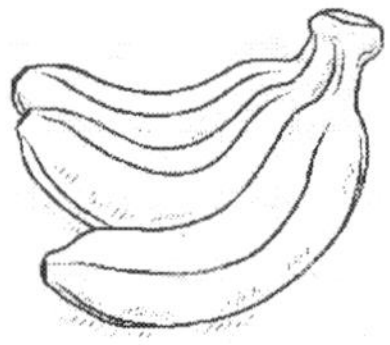

Zubereitungsdauer

10 Minuten

Zutaten für 1 Person

4EL Hüttenkäse | **2EL** flüssiger Honig | **1** Banane | **1 Prise** gemahlener Zimt | **2 Scheiben** Vollkornbrot | **1EL** gehackte Haselnusskerne

Zubereitung

1. Als erstes wird der Hüttenkäse mit dem Honig in einer Schüssel vermengt.
2. Anschließend die Banane von der Schale befreien und in feine, schräge Scheibchen schneiden.
3. Jetzt werden die warmen Vollkorntoast Scheiben mit dem Hüttenkäse, Bananenscheiben und den Haselnusskernen belegt.
4. Das Ganze mit dem Honig beträufeln und dem Zimt servieren.

Guten Appetit. :-)

Mortadella Ciabatta

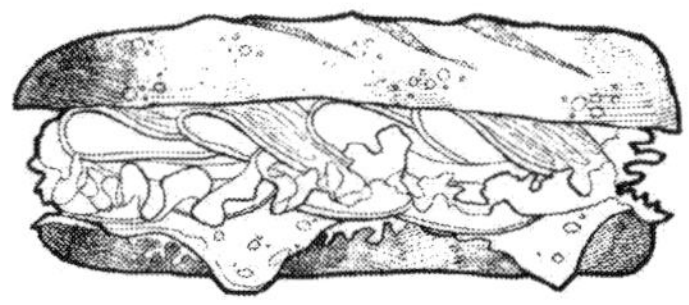

Zubereitungsdauer

10 Minuten

Zutaten für 1 Person

3EL Hüttenkäse | **1** Ciabatta Brötchen | **1** Tomate | **1 kleine Handvoll** Rucola | **1** Frühlingszwiebeln | **2 Scheiben** Mortadella | **1 Prise** Salz und Pfeffer

---

Zubereitung

1. Die Frühlingszwiebel und Radieschen werden klein geschnitten und gemeinsam mit dem Hüttenkäse in einer Schüssel vermengt.
2. Anschließend das Ciabatta aufschneiden und auf der unteren Hälfte mit dem Hüttenkäse bestreichen und dem Rucola belegen.
3. Als nächstes die Tomate in Scheiben schneiden und gemeinsam mit der Mortadella auf das Brot setzen.
4. Ein wenig mit Salz und Pfeffer würzen und das Brot zuklappen.

Guten Appetit. :-)

Zimtige Koutalides

Zubereitungsdauer

25 Minuten

Zutaten für 2 Personen

200g Mehl | **½ TL** gemahlener Zimt | Sonnenblumenöl | **1TL** Backpulver | **4EL** flüssiger Honig

Zubereitung

1. In einer Schale Mehl, Backpulver und 200ml Wasser vermengen bis der Teig schön glatt und zähflüssig geworden ist.
2. Den Pfannenboden mit dem Sonnenblumenöl bedecken und erhitzen.
3. Den Teig portionsweise in die Pfanne löffeln und darauf achten, dass zwischen den Klumpen immer genug Platz ist.
4. Die Krapfen von allen Seiten ordentlich goldbraun anbraten, herausnehmen und auf Küchenpapier abtropfen lassen.
5. Die fertigen Koutalides auf zwei Tellern servieren und mit dem Honig und Zimt anrichten.

Guten Appetit. :-)

Bananenbrot mit Zimt Butter

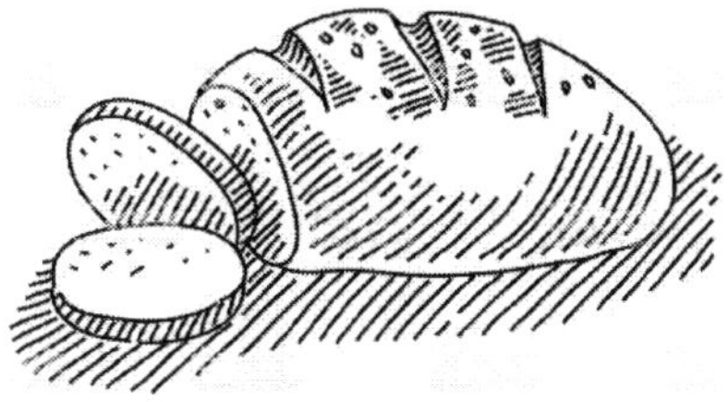

Zubereitungsdauer

20 Minuten

Zutaten für 10 Brote

200g zimmerwarme Butter | **250g** Mehl | **100g** Speisestärke | **jeweils 4** Bananen und Eier | **4EL** Milch | **2EL** Zucker | **3EL** gehackte Walnusskerne | **1 Päckchen** Backpulver

Zutaten für 1 Butter

1EL Butter | **½ TL** gemahlener Zimt | **3TL** flüssiger Honig

---

Zubereitung

1. Der Backofen wird zunächst auf 180°C Ober- und Unterhitze vorgeheizt und daraufhin eine 25cm längliche Backofen taugliche Kastenform mit Butter eingeschmiert.
2. Mit einem Handrührgerät die Eier, Zucker und die restliche Butter schaumig rühren und anschließend mit der Milch, Backpulver, Mehl und Speisestärke vermengen.
3. Die geschälten Bananen werden zerdrückt und gemeinsam mit den Walnusskernen in den Teig gemischt.
4. Der Kasten wird nun mit dem Teig befüllt und in der mittleren Schiene für 50 Minuten bei 180°C gebacken. Anschließend herausnehmen, auskühlen lassen, aus dem Kasten nehmen und in 10 Scheiben schneiden.
5. Jetzt wird der Honig gemeinsam mit der Butter und dem Zimt verrührt. Die Zimt Butter auf das Bananenbrot schmieren und genießen.

Guten Appetit. :-)

Strawberry Pancakes

Zubereitungsdauer

20 Minuten

Zutaten für 1 Person

8 Erdbeeren | **100g** Mehl | **120ml** Milch | **2** Eier | **4EL** Ahornsirup | **3EL** Sonnenblumenöl | **1TL** Backpulver | **1EL** Puderzucker

---

Zubereitung

1. Die Milch und die Eier in einer Schüssel vermengen und anschließend das Backpulver und das Mehl hinzugeben. Das Ganze mit einem Schneebesen verrühren bis ein glatter Teig entsteht.
2. 1EL Sonnenblumenöl in der Pfanne erhitzen und einen Klecks vom Teig geben. Den Teig mit einer Kelle ausbreiten und beidseitig goldbraun backen. Solange weiter machen bis der Teig und das Öl aufgebraucht ist.
3. Anschließend werden die Pancakes auf einem Teller gestapelt, mit Ahornsirup begossen und mit dem Puderzucker bestäubt.
4. Die Erdbeeren waschen, vierteln und um die Pancakes herum servieren.

Guten Appetit. :-)

Pfirsich Himbeer Smoothie

Zubereitungsdauer

5 Minuten

Zutaten für 1 Person

150ml Buttermilch | **8** Himbeeren | **1** Pfirsich | **2EL** Haferflocken | **1TL** Honig

---

Zubereitung

1. Die 8 Himbeeren auf dem Boden des Smoothie Glases zerdrücken.
2. Den Pfirsich schälen, entkernen und kleinschneiden.
3. Anschließend werden die Pfirsichstücke in einer Schale gemeinsam mit der Buttermilch, Haferflocken und dem Honig mit einem Pürierstab gemixt
4. Schlussendlich das Ganze über die zerdrückten Himbeeren geben und genießen.

Guten Appetit. :-)

Colada Smoothie

Zubereitungsdauer

5 Minuten

Zutaten für 1 Person

125g Naturjoghurt | **3EL** Kokosmilch | **1** Banane
5EL Ananassaft | **1 Prise** gemahlener Zimt

Zubereitung

1. Die Banane wird gemeinsam mit dem Ananassaft, der Kokosmilch und dem Naturjoghurt in einer Schale mit einem Pürierstab ordentlich durchgemixt.
2. Anschließend in ein Glas abfüllen, mit dem Zimt bestäuben und genießen.

Guten Appetit. :-)

Brombeeren Smoothie

Zubereitungsdauer

5 Minuten

Zutaten für 1 Person

125g Brombeeren | **100ml** Milch | **3EL** Naturjoghurt | **1TL** Honig

---

Zubereitung

1. Die Brombeeren werden gemeinsam mit dem Honig und der Milch mit einem Pürierstab in einer Schale durchgemixt.
2. Anschließend wird dies mit dem Naturjoghurt vermengt und in ein Glas abgefüllt.

Guten Appetit. :-)

KLEINER HUNGER

Süßkartoffelsuppe

Zubereitungsdauer

40 Minuten

Zutaten für 2 Personen

200ml Buttermilch | **2EL** Sonnenblumenöl | **2 große** Süßkartoffeln | **1** Zwiebel | **½** Apfel | **1 Prise** Salz und Pfeffer

---

Zubereitung

1. Die Süßkartoffeln, Zwiebel und den Apfel schälen und ordentlich kleinhacken.
2. Anschließend alles in einem öligen Topf für 3 Minuten anbraten.
3. Den Topf mit so viel Wasser befüllen bis das Ganze bedeckt ist.
4. Dann für 25 Minuten bei mittlerer Hitze köcheln lassen bis die Süßkartoffeln weich geworden sind.
5. Die Suppe wird nun mit einem Pürierstab durchgemixt, mit Salz und Pfeffer gewürzt und zum Schluss mit der Buttermilch unterrührt.

Guten Appetit. :-)

Kartoffel Eintopf

Zubereitungsdauer

40 Minuten

Zutaten für 2 Personen

900g Kartoffeln | **2EL** Sonnenblumenöl | **1** Zwiebel | **2** Möhren | **1 Handvoll** Petersilienblätter | **1 Prise** Salz und Pfeffer

---

Zubereitung

1. Die Kartoffeln, Zwiebel und Möhren schälen und kleinwürfeln.
2. Daraufhin das Gemüse in einem öligen Topf für 3 Minuten bei mittlerer Hitze anbraten.
3. Anschließend den Topf mit so viel Wasser befüllen bis das Gemüse vom Wasser bedeckt ist.
4. Das Ganze wird nun für 25 Minuten bei mittlerer Hitze bis das Gemüse weich geworden ist köcheln gelassen.
5. Petersilie fein hacken und gemeinsam mit etwas Salz und Pfeffer den Eintopf verfeinern.

Guten Appetit. :-)

Kürbissuppe Basisrezept

Zubereitungsdauer

30 Minuten

Zutaten für 2 Personen

½ Hokkaido Kürbis | **2EL** Sonnenblumenöl | **1** Zwiebel |
½TL Currypulver | **1EL** Creme Fraiche | **1 Prise** Salz und Pfeffer

---

Zubereitung

1. Hokkaido Kürbis vierteln, entkernen und kleinwürfeln. Die Zwiebel ebenfalls kleinwürfeln und anschließend beides in einen öligen Topf geben und für 3 Minuten anbraten.
2. Den Topf mit Wasser auffüllen und 25 Minuten lang bei mittlerer Hitze köcheln lassen.
3. Anschließend mit einem Pürierstab durchmixen und darauf mit Salz, Pfeffer und Currypulver würzen.
4. Die Suppe auf zwei Tellern verteilen und jeweils mit einem Klecks Creme Fraiche servieren.

Guten Appetit. :-)

Kokos Linsencurry

Zubereitungsdauer

30 Minuten

Zutaten für 2 Personen

Kürbissuppe Basisrezept | **100g** rote Linsen | **150ml** Kokosmilch | **jeweils ½ TL** Currypulver und gemahlene Kurkuma | **2EL** halbierte Rosinen | **1** Chilischote

---

Zubereitung

1. Als erstes werden die Linsen in einem Topf mit kaltem Wasser eingeweicht.
2. Währenddessen das Basisrezept der Kürbissuppe aus dem vorherigen Rezept zubereiten. Jedoch ohne die Creme fraiche.
3. Die Chilischote entkernen, kleinhacken und gemeinsam mit den Linsen, dem Currypulver, Kurkuma und 150ml Wasser in die warme Kürbissuppe einrühren.
4. Das Ganze nun 10 Minuten lang köcheln lassen bis auch die roten Linsen eingeweicht sind.
5. Zum Schluss noch die halbierten Rosinen und die Kokosmilch hinzufügen und unter gelegentlichem rühren 5 Minuten lang kochen lassen.
6. Die Suppe auf zwei Teller servieren und genießen.

Guten Appetit. :-)

Erdnusshähnchen in Nudelsuppe

Zubereitungsdauer

40 Minuten

Zutaten für 2 Personen

100g Glasnudeln | **5EL** gehackte Erdnusskerne | **jeweils 3EL** Mehl und Sonnenblumenöl | Kürbissuppe Basisrezept | **1** Hähnchenbrustfilet | **1** Ei | **1 Handvoll** Koriandergrün | **1 Prise** Salz

---

Zubereitung

1. Das Basisrezept der Kürbissuppe ohne Creme fraiche zubereiten.
2. Die Glasnudeln werden in einem Topf mit kaltem Wasser für ca. 15 Minuten eingeweicht.
3. Anschließend das Ei in einer Schale verquirlen. Das Mehl auf einen Teller geben. Die kleingehackten Erdnusskerne mit dem Koriander vermischen und ebenfalls auf einen Teller geben.
4. Das Hähnchenfilet wird in mundgerechte Stücke kleingeschnitten. Die Filetstücke nun salzen, im Mehl, Ei und in der Koriandererdnuss Mischung tunken bzw. wenden.
5. Die Filetstücke nun in einer öligen Pfanne von allen Seiten knusprig anbraten.
6. Die Glasnudeln werden mit in die Suppe hineingemischt und für ca. 5 Minuten mitgekocht.
7. Das Hähnchen mit der Suppe servieren und genießen.

Guten Appetit. :-)

Halloumi Fenchelsalat

Zubereitungsdauer

25 Minuten

Zutaten für 2 Personen

200g Halloumi | **jeweils 2EL** Olivenöl und Balsamico Essig | **3EL** Sonnenblumenöl | **1 Handvoll** Weintrauben | **3 Zweige** Thymian | **2 Scheiben** Pumpernickel | **2TL** Honig | **1TL** Senf | **1** Fenchelknolle | **2 Handvoll** Salatblätter

---

Zubereitung

1. Salatblätter kleinhacken, Fenchelknolle in feine Scheiben schneiden und beides in ein Teller geben.
2. Für das Dressing den Essig, Senf, Olivenöl, 1EL Honig, 3EL Wasser, Salz und Pfeffer in einer Schale ordentlich miteinander vermengen.
3. Pumpernickel in 2cm große Stücke schneiden und in einer öligen Pfanne bei mittlerer Temperatur kurz anbraten.
4. Anschließend den Pumpernickel mit dem Honig beträufeln und mit dem abgezupften Thymian bestreuen und in einen Teller geben.
5. Halloumi bei mittlerer Hitze in einer öligen Pfanne von allen Seiten goldbraun anbraten.
6. Trauben in zwei Hälften schneiden und gemeinsam mit dem Dressing, Halloumi und dem Crouton auf dem Salat servieren.

Guten Appetit. :-)

Hirtensalat der Griechen

Zubereitungsdauer

10 Minuten

Zutaten für 2 Personen

10 entsteinte Oliven | **3** Fleischtomaten | **jeweils 1** Gurke, grüne Paprika und rote Zwiebel | **200g** Schafskäse | **2TL** getrockneter Oregano | **1 Prise** Salz und Pfeffer | **4EL** Olivenöl

---

Zubereitung

1. Die Tomaten kleinhacken, Gurken schälen, längs halbieren und in feine Scheiben schneiden. Ebenfalls die Paprika in dünne Streifen schneiden und die Zwiebel in dünne Ringe schneiden.
2. Das kleingehackte Gemüse mit den entsteinten Oliven, dem Schafskäse und dem Olivenöl in einer Schüssel vermengen.
3. Anschließend mit Salz, Pfeffer und dem Oregano würzen und servieren.

Guten Appetit. :-)

Chili Feta auf Oreganobrot

Zubereitungsdauer

15 Minuten

Zutaten für 2 Personen

4 dicke Scheiben Weißbrot | **8** entsteinte schwarze Oliven | **5EL** Olivenöl | **2** Tomaten | **2 Scheiben** Schafskäse je 180g | **jeweils 1** rote Zwiebel und grüne Paprika | **2 Zweige** Thymian | **1EL** getrockneter Oregano | **1 Prise** Salz | **2TL** Chilipaste (z.B. Sambal Oelek)

Zubereitung

1. Backofen auf 180°C Ober- und Unterhitze vorheizen.
2. Olivenöl auf ein großes Stücke Alufolie geben, darauf die Schafskäse Scheiben platzieren und mit der Chilipaste bestreichen.
3. Die grüne Paprikaschote und Tomate in feine Scheiben schneiden. Oliven und Zwiebel ebenfalls in dünne Ringe schneiden. Thymian abzupfen und gemeinsam mit dem Gemüse auf dem Käse bestreuen.
4. Anschließend wird die Alufolie fest verschlossen und in einem Backblech in den vorgeheizten Ofen geschoben. Das Ganze nun für 15 Minuten in der mittleren Schiene backen.
5. Währenddessen das Weißbrot mit dem Olivenöl, Salz und Oregano verfeinern und es in den letzten 5 Minuten der Backzeit mit in den Ofen geben und es knusprig backen lassen.

Guten Appetit. :-)

Bodenlose Zucchini Quiche

Zubereitungsdauer

15 Minuten

Zutaten für 8 Portionen

6EL Mehl | **5EL** Olivenöl | **jeweils ½** Bund Dill und Minze | **3** Zucchini | **3** Eier | **3EL** geriebener Parmesan | **1 Prise** Pfeffer

---

Zubereitung

1. Backofen auf 180°C Ober- und Unterhitze vorheizen.
2. Zucchini längs halbieren und mit einem Gurkenhobel in eine Schüssel hobeln.
3. Anschließend Dill und Minze kleinhacken und gemeinsam mit etwas Olivenöl, Parmesan, den Eiern, dem Mehl und dem Pfeffer in eine Schüssel geben und ordentlich miteinander vermengen.
4. Ein Backofen taugliche Springform mit Olivenöl einfetten und die Zucchinimischung hineingeben.
5. Das Ganze nun für 35 Minuten auf der mittleren Schiene backen.

Guten Appetit. :-)

Walnuss Kürbis Muffins

Zubereitungsdauer

25 Minuten

Zutaten für 12 Portionen

150g Hokkaido Kürbis | **jeweils 100g** Mehl und Dinkelvollkornmehl | **200g** Naturjoghurt | **1** Zwiebel | **2** Eier | **2 Päckchen** Backpulver | **1 Handvoll** Petersilienblätter | **1** Rosmarin Zweig | **3EL** Olivenöl | **2EL** Joghurtbutter | **2TL** gehackte Walnusskerne | **1 Prise** Salz und Pfeffer

Zubereitung

1. Backofen auf 180°C Ober- und Unterhitze vorheizen.
2. Hokkaido Kürbis von den Kernen befreien und mit einer Reibe kleinraspeln.
3. Joghurt, Olivenöl und die Eier miteinander mit einem Handrührgerät vermengen.
4. Die kleingewürfelte Zwiebel, Kürbis, beide Mehlsorten, Backpulver, jeweils 1/2 TL Salz und Pfeffer mit in die Joghurteimasse mischen und kräftig zu einem Teig verrühren.
5. Anschließend ein Muffin Blech mit ausreichend Mulden mit Papier belegen und den Teig in die Mulden verteilen. Das Ganze für 35 Minuten bei 180°C Ober- und Unterhitze in der mittleren Schiene backen und herausnehmen.
6. Rosmarinnadeln und Petersilienblätter kleinhacken und gemeinsam mit den Walnusskernen, der Joghurtbutter, etwas Salz und Pfeffer in eine Schale geben. Mit Hilfe einer Gabel die Kräuter und Nüsse in die Walnussbutter mischen und gemeinsam mit den Muffins servieren. Guten Appetit. :-)

Flammkuchen Basisrezept

Zubereitungsdauer

20 Minuten

Zutaten für 1 Person

150g Mehl | **2EL** Sonnenblumenöl | **1 Prise** Salz

Zubereitung

1. Backofen auf 220°C Ober- und Unterhitze vorheizen.
2. Das Mehl gemeinsam mit dem Sonnenblumenöl, dem Salz und 8EL Wasser vermengen und zu einem festen und glatten Teig verkneten.
3. Anschließend den Teig auf einem mit Backpapier ausgelegtes Backblech ausrollen und je nach Belieben und folgenden Rezepten belegen.
4. Zu guter Letzt den Kuchen für 10 Minuten auf mittlerer Schiene backen.

Guten Appetit. :-)

Zwiebel Speckkuchen

Zubereitungsdauer

20 Minuten

Zutaten für 1 Person

1 Flammkuchenteig Basisrezept | **3EL** creme fraiche |
2 Scheiben Speck | **1** Zwiebel | **1 Prise** Salz und Pfeffer

---

Zubereitung

1. Flammkuchen wie aus dem Basisrezept zubereiten.
2. Anschließend wird die Creme fraiche in einer Schüssel mit Salz und Pfeffer vermischt und dann auf den Kuchen gestrichen.
3. Zwiebel in feine Ringe schneiden, den Speck kleinwürfeln und dann auf dem Kuchen verteilen.
4. Für 10 Minuten bei 180°C Ober- und Unterhitze backen.

Guten Appetit. :-)

Aprikosen Flammkuchen

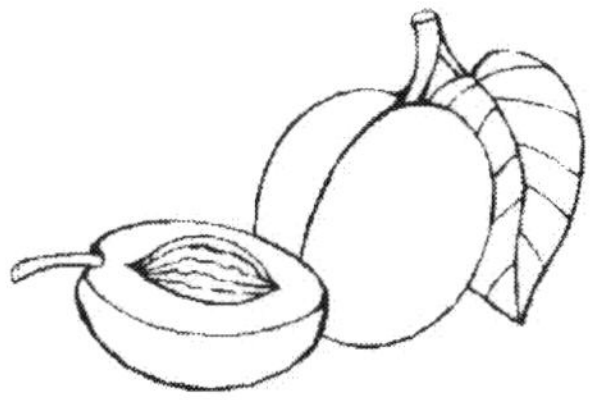

Zubereitungsdauer

20 Minuten

Zutaten für 1 Person

1 Flammkuchenteig Basisrezept | **2EL** creme fraiche |
2TL Honig | **3** Aprikosen | **2EL** Mandelblättchen | **2** Rosmarin Zweige

---

Zubereitung

1. Flammkuchen wie aus dem Basisrezept zubereiten.
2. Den Honig mit dem Frischkäse miteinander vermengen und auf dem Flammkuchen verstreichen.
3. Die entsteinten Aprikosenspalten auf dem Frischkäse verteilen und den Flammkuchen für 5 Minuten bei 180°C Ober- und Unterhitze im Backofen backen.
4. Den Kuchen anschließend mit dem Rosmarin und den Mandeln belegen und für weitere 5 Minuten backen lassen.

Guten Appetit. :-)

Trauben Käse Flammkuchen

Zubereitungsdauer

20 Minuten

Zutaten für 1 Person

1 Flammkuchenteig Basisrezept | **100g** Schafskäse | **15** Weintrauben | **4 Zweige** Thymian

---

Zubereitung

1. Flammkuchen wie aus dem Basisrezept zubereiten.
2. Als erstes den Schafskäse zerbröseln, die Trauben in zwei Hälften schneiden und die Thymianblättchen von den Zweigen abzupfen.
3. Anschließend wird der Kuchen mit dem zerbröselten Käse und den Trauben belegt.
4. Den Flammkuchen für 5 Minuten bei 180°C Ober- und Unterhitze backen.
5. Herausnehmen, mit dem Thymianblättchen bestreuen und für weitere 5 Minuten backen lassen.

Guten Appetit. :-)

Tomaten Mozzi Bruschetta

Zubereitungsdauer

10 Minuten

Zutaten für 2 Personen

8 Scheiben Weißbrot | **etwas** Olivenöl | **3** Tomaten | **125g** Mozzarella | **2EL** Olivenöl | **½ Bund** Basilikum | **1** rote Zwiebel | **1 Prise** Salz und Pfeffer

---

Zubereitung

1. Als erstes wird das Olivenöl in einer Pfanne erhitzt und die Weißbrotscheiben von allen Seiten goldbraun geröstet.
2. Anschließend Zwiebel, Mozzarella und die Tomaten kleinwürfeln.
3. Basilikumblätter kleinhacken und gemeinsam mit den Tomaten, Zwiebel und Mozzarella, Olivenöl und einer Prise Salz in einer Schüssel ordentlich vermengen.
4. Das Gemisch auf die Weißbrotscheiben geben und genießen.

Guten Appetit. :-)

Ziegenkäse Auberginen Bruschetta

Zubereitungsdauer

10 Minuten

Zutaten für 2 Personen

8 Scheiben Weißbrot | **etwas** Olivenöl | **1** Aubergine | **1** Frühlingszwiebel | **100g** fester Ziegenkäse | **2EL** Olivenöl | **3 Zweige** Thymian | **einige** Petersilienblätter | **1 Prise** Salz und Pfeffer

Zubereitung

1. Als erstes wird das Olivenöl in einer Pfanne erhitzt und die Weißbrotscheiben von allen Seiten goldbraun geröstet.
2. Frühlingszwiebel in kleine Ringe schneiden und die Aubergine kleinwürfeln.
3. Die Auberginenwürfel in einer öligen Pfanne für 3 Minuten kurz anbraten.
4. Den Ziegenkäse ebenfalls kleinwürfeln, Thymianblättchen von den Zweigen abzupfen und die Petersilienblätter ordentlich kleinhacken. Das Ganze anschließend gemeinsam mit den heißen Auberginenwürfeln vermengen und daraufhin mit Salz und Pfeffer würzen.
5. Das Gemisch auf die Weißbrotscheiben geben und genießen.

Guten Appetit. :-)

Schafskäsen Bruschetta mit Oliven

Zubereitungsdauer

10 Minuten

Zutaten für 2 Personen

8 Scheiben Weißbrot | **etwas** Olivenöl | **200g** Schafskäse | **150g** entsteinte, grüne Oliven | **1** grüne Chilischote | **2 Zweige** Rosmarin | **einige** Petersilienblätter

---

Zubereitung

1. Als erstes wird das Olivenöl in einer Pfanne erhitzt und die Weißbrotscheiben von allen Seiten goldbraun geröstet.
2. Rosmarinnadeln von den Zweigen abzupfen, Chilischote vom Kern entfernen und gemeinsam mit den Petersilienblättern grob hacken.
3. Alles gemeinsam mit dem Schafskäse und den Oliven in ein hohes Gefäß geben und mit einem Pürierstab durchmixen.
4. Das Gemisch auf den Weißbrotscheiben geben und genießen.

Guten Appetit. :-)

Mozzarella Wrap

Zubereitungsdauer

15 Minuten

Zutaten für 2 Personen

125g Mozzarella | **2** Tortilla Wraps | **1** Tomate | **Halbes Bund** Basilikum | **4EL** Frischkäse | **1 Schälchen** Kresse | **1 Prise** Salz und Pfeffer

---

Zubereitung

1. Backofen auf 120°C Ober- und Unterhitze vorheizen.
2. Frischkäse in eine Schale geben und mit den kleingehackten Basilikumblättern, Salz und Pfeffer vermengen.
3. Die Wraps für 3 Minuten im Backofen auf dem Rost in der mittleren Schiene kurz erwärmen, herausnehmen und mit dem Frischkäse bestreichen.
4. Anschließend werden die Tomaten und Mozzarella in dünne Scheiben geschnitten. Beides auf dem Wrap in einer Linie verteilen und mit der abgeschnittenen Kresse bestreuen.
5. Den Wrap aufrollen und genießen.

Guten Appetit. :-)

Thunfisch Wrap

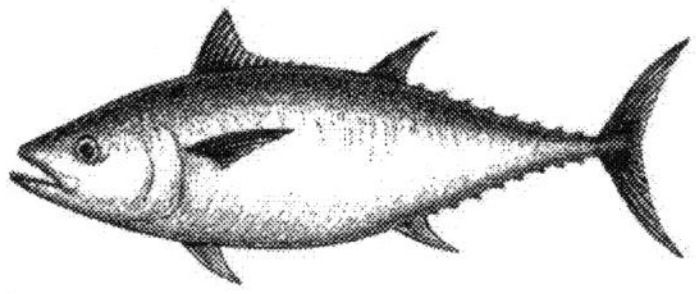

Zubereitungsdauer

15 Minuten

Zutaten für 2 Personen

1 Dose Thunfisch | **1** rote Zwiebel | **1** Paprikaschote | **1** Möhre | **2** Tortilla Wraps | **3EL** Naturjoghurt | **4 Blätter** Radicchio | **1 Prise** Salz und Pfeffer

---

Zubereitung

1. Backofen auf 120°C Ober- und Unterhitze vorheizen.
2. Die Möhre fein schälen und anschließend klein raspeln.
3. Die geraspelte Möhre mit dem Joghurt in einer Schale vermengen und mit Salz und Pfeffer würzen.
4. Die Wraps für 3 Minuten im Backofen auf dem Rost in der mittleren Schiene kurz erwärmen, herausnehmen und mit dem Joghurt bestreichen.
5. Radicchio Blätter in dünne Streifen schneiden, die Paprika kleinhacken und die Zwiebeln in feine Ringe schneiden.
6. Zum Schluss alles auf das Wrap legen und fest aufrollen.

Guten Appetit. :-)

Avocado Chicken Wrap

Zubereitungsdauer

15 Minute

Zutaten für 2 Personen

2 Tortilla Wraps | **1** Hähnchenbrust | **1 Scheibe** Toast | **4 Blätter** Eisbergsalat | **2EL** Sonnenblumenöl | **½** Avocado | **1TL** Zitronensaft | **4EL** Magerquark | **2EL** geriebener Parmesan | **1 Prise** Salz und Pfeffer

---

Zubereitung

1. Backofen auf 120°C Ober- und Unterhitze vorheizen.
2. Die Toastscheibe in 2cm dicke Streifen schneiden und in einer öligen Pfanne beidseitig goldbraun und knusprig anbraten.
3. Avocado schälen, entkernen und in einer Schale mit einer Gabel zermatschen. Die Avocado nun mit Zitronensaft und Magerquark vermengen.
4. Anschließend die Hähnchenbrust in einer öligen Pfanne bei mittlerer Hitze anbraten und mit Salz und Pfeffer würzen.
5. Die Wraps für 3 Minuten im Backofen auf dem Rost in der mittleren Schiene kurz erwärmen, herausnehmen und mit dem Avocado Quark bestreichen.
6. Salatblätter und Hähnchenbrust in feine Streifen schneiden und gemeinsam mit dem Parmesan und den Brotstreifen in das Wrap legen und es fest einrollen.

Guten Appetit. :-)

Chicken Sandwich

Zubereitungsdauer

15 Minuten

Zutaten für 1 Person

3 Scheiben Weißbrot | **3 Scheiben** Frühstücksspeck | **1EL** Frischkäse | **2TL** Ketchup | **1TL** Senf | **1EL** Sonnenblumenöl | **1** Hähnchenbrust | **1** Tomate | **80g** Camembert | **4 Blätter** Friséesalat

---

Zubereitung

1. Frischkäse in eine Schale geben und mit dem Senf und Ketchup vermengen.
2. Hähnchenbrust in zwei waagerechte, dünne Streifen schneiden und in einer öligen Pfanne bei mittlerer Hitze beidseitig goldbraun anbraten und etwas mit Salz und Pfeffer würzen.
3. Den Speck in derselben Pfanne bei gleicher Temperatur knusprig anbraten.
4. Etwas von dem Frischkäse auf eine Scheibe Weißbrot schmieren und es mit dem Salat, Hähnchen und Tomatenscheiben belegen. Oben drauf mit einer Brotscheibe bedecken.
5. Diese obere Brotscheibe wird nun erneut mit Frischkäse bestrichen, mit dem Speck, dem Camembert und dem restlichen Salat belegt.
6. Letzte Brotscheibe oben drauflegen und genießen.

Guten Appetit. :-)

Bagel mit Räucherlachs

Zubereitungsdauer

15 Minuten

Zutaten für 2 Personen

2 Bagel | **4 Blätter** Friséesalat | **6 Scheiben** Räucherlachs | **3EL** Magerquark | **Ein Drittel** Gurke | **½ Bund** Schnittlauch | **1TL** Meerrettich | **1 Prise** Salz und Pfeffer

---

Zubereitung

1. Schnittlauch in Ringe schneiden, Gurke kleinwürfeln, beides in eine Schale geben und gemeinsam mit dem Meerrettich, dem Quark, Salz und Pfeffer vermengen.
2. Als nächstes den Bagel waagerecht halbieren, mit dem Quark, Salat und dem Lachs belegen, zuklappen und servieren.

Guten Appetit. :-)

Kartoffel Tortilla

Zubereitungsdauer

25 Minuten

Zutaten für 1 Person

2 große Kartoffeln | **1** Zwiebel | **3EL** Sonnenblumenöl |
3 Eier | **1 Prise** Salz und Pfeffer

Zubereitung

1. Als erstes werden die Kartoffeln geschält, geviertelt und in feine Streifen geschnitten.
2. Zwiebel in dünne Ringe schneiden.
3. Die Kartoffelstreifen in einer öligen Pfanne bei mittlerer Hitze für 7 Minuten leicht anbraten, Zwiebel mit dazugeben und einige Minuten mit braten.
4. Anschließend die Zwiebel und Kartoffeln in einer Schüssel gemeinsam mit dem Eiern, Salz und Pfeffer vermengen.
5. Die Kartoffel Ei Mischung in die erhitzte Pfanne kippen und für 5 Minuten braten und stocken lassen. Damit die Eier besser stocken können, mit einer Gabel den Tortilla Boden einreißen.
6. Um die Tortilla zu wenden wird die Pfanne mit einem Teller abgedeckt, samt der Pfanne gewendet und erneut in die Pfanne gleiten gelassen.
7. Beide Seiten goldbraun anbraten und servieren.

Guten Appetit. :-)

Gemüsepfanne

Zubereitungsdauer

15 Minuten

Zutaten für 2 Personen

Jeweils 2 Zucchinis, Kartoffeln und rote Paprikaschoten | **1** Zwiebel | **2EL** Olivenöl | **½ Bund** Petersilie | **130g** passierte Tomaten | **1 Prise** Salz und Pfeffer

---

Zubereitung

1. Backofen auf 180°C Ober- und Unterhitze vorheizen.
2. Kartoffeln schälen und in feine Spalten schneiden. Zucchini ungeschält in 1cm dicke Spalten schneiden. Paprikaschoten in kleine Würfel hacken. Die Zwiebel in feine Scheiben schneiden und die Petersilienblätter kleinhacken.
3. Alle Zutaten in eine Auflaufform geben und ordentlich miteinander vermengen.
4. Das Ganze für 50 Minuten auf der mittleren Schiene backen.

Guten Appetit. :-)

Kartoffelgratin

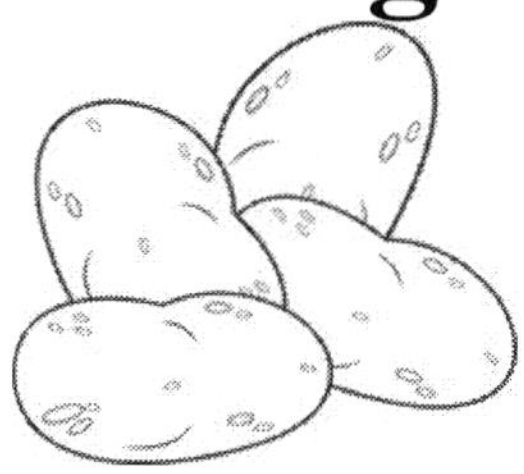

Zubereitungsdauer

25 Minuten

Zutaten für 2 Personen

700g Kartoffeln | **jeweils 150ml** Milch und Kochsahne |
1 Stange Lauch | **1EL** Sonnenblumenöl | **4EL** geriebener Emmentaler |
1 Prise Salz, geriebene Muskatnuss und Pfeffer

Zubereitung

1. Backofen auf 180°C Ober- und Unterhitze vorheizen.
2. Die Kartoffeln in einem Topf kochen, anschließend schälen und auskühlen lassen. Die Lauchstange in feine Ringe schneiden.
3. Die Lauchringe in einer öligen Pfanne für 3 Minuten anbraten und daraufhin die Sahne, die Milch und Kartoffeln mit in die Pfanne geben und miteinander vermengen.
4. Das Ganze mit Salz, Pfeffer und Muskatnuss würzen, in eine Auflaufform geben und zum Schluss noch mit dem Emmentaler bestreuen.
5. Für 30 Minuten in der mittleren Schiene backen, herausnehmen und heiß servieren.

Guten Appetit. :-)

Rosenkohlgratin

Zubereitungsdauer

25 Minuten

Zutaten für 2 Personen

Jeweils 500g kleine Kartoffeln und Rosenkohl | **1 Scheibe** Vollkorntoast | **1EL** gemahlene Haselnusskerne | **2EL** geriebener Bergkäse | **150ml** Kochsahne | **1 Prise** Salz und Pfeffer

---

Zubereitung

1. Backofen auf 180°C Ober- und Unterhitze vorheizen.
2. Die Kartoffeln in einem Topf kochen, anschließend schälen und auskühlen lassen.
3. Die Toast Scheibe wird mit einer Reibe kleingemacht und gemeinsam mit den Haselnusskernen und dem Bergkäse in einer Schüssel vermischt.
4. Der Rosenkohl wird am Strunk kreuzförmig eingeritzt und in einem kochenden Salzbad bei mittlerer Hitze für 10 Minuten gegart.
5. Kartoffeln und Rosenkohl in zwei Hälften schneiden und ziegelförmig in die Auflaufform geben. Das Ganze salzen, pfeffern, mit der Sahne begießen und mit den Haselnussbrotkrümeln bestreuen.
6. Zu guter Letzt auf der mittleren Schiene backen, herausnehmen und heiß servieren.

Guten Appetit. :-)

Couscous Salat

Zubereitungsdauer

20 Minuten

Zutaten für 2 Personen

150g Instant Couscous | **150g** Naturjoghurt | **jeweils 1** Aubergine, Bio-Limette, rote Zwiebel und Paprikaschote | **jeweils ½ Bund** Koriandergrün und Granatapfel | **1EL** Olivenöl | **1TL** Honig | **1 Prise** Salz und Pfeffer

Zubereitung

1. Den Couscous in eine Schale geben und mit 150ml heißem Wasser übergießen. Anschließend umrühren und für 10 Minuten quellen lassen.
2. Währenddessen Paprika und Aubergine kleinwürfeln und die Zwiebel in dünne Ringe schneiden.
3. Die Aubergine in einer öligen Pfanne 2 Minuten bei mittlerer Hitze anbraten.
4. Granatapfelkerne auslösen und das Koriandergrün kleinhacken.
5. Den Koriander und die Granatapfelkerne gemeinsam mit der Paprika, Aubergine und der Zwiebel unter den gequellten Couscous mischen und mit Salz und Pfeffer würzen.
6. Den Naturjoghurt mit dem Schalenabrieb der Limette und dem Honig vermengen.
7. Mit dem Couscous servieren und genießen.

Guten Appetit. :-)

Cabanossi Bohnen Salat

Zubereitungsdauer

15 Minuten

Zutaten für 6 Personen

1 Dose Kidney Bohnen | **1 Dose** Gemüsemais | **150g** rote Cabanossi | **jeweils 1** rote Paprikaschote, Zwiebel und kleiner Römersalat | **4EL** Weinessig | **2EL** Sonnenblumenöl | **jeweils 1TL** Senf und Honig | **1 Prise** Salz und Pfeffer

---

Zubereitung

1. Die Kidney Bohnen in ein Sieb geben und mit kaltem Wasser ordentlich abspülen.
2. Die Paprikaschote waschen und kleinwürfeln. Die Zwiebel schälen und in feine Ringe schneiden. Die Cabanossi Wurst in Scheiben schneiden.
3. Den Römersalat waschen, trocknen und in 2cm breite Streifen schneiden.
4. Anschließend den Weinessig mit dem Honig, Senf, Öl, einer Prise Salz und Pfeffer vermengen.
5. Den Gemüsemais abtropfen lassen und gemeinsam mit Soße, Bohnen, Mais, Wurst und Paprika vermischen.
6. Den Salat in einzelnen Gläsern mit den Zwiebelstreifen anrichten.

Guten Appetit. :-)

Baguette Lachsröllchen

Zubereitungsdauer

15 Minuten

Zutaten für 12 Portionen

12 Scheiben Baguette Brot (ca. 20g) | **300g** Doppelrahm Frischkäse | **12 Scheiben** geräucherter Lachs | **jeweils 3EL** Meerrettich und Olivenöl | **1 Bund** Dill | **6 Blätter** Römersalat | **1 Prise** Salz und Pfeffer

---

Zubereitung

1. Die Baguettescheiben in einer mit Olivenöl erhitzten Pfanne beidseitig goldbraun rösten, herausnehmen und auf Küchenpapier abtropfen lassen.
2. Den Dill Bund waschen, trocknen, die Fähnchen abzupfen und fein hacken.
3. Meerrettich mit dem Frischkäse glattrühren und den Dill daruntermischen.
4. Das Ganze mit Salz und Pfeffer würzen.
5. Anschließend die Lachsscheiben nebeneinander auf ein Teller legen, mit der Creme bestreichen und aufrollen.
6. Römersalat waschen, trocknen und in zwei Hälften schneiden.
7. Die gefüllten Lachsröllchen werden nun auf die Salathälften platziert und dann auf die Baguettescheiben gesetzt.
8. Mit dem Dill garnieren und genießen.

Guten Appetit. :-)

Roquefort Gurkenschiffchen

Zubereitungsdauer

15 Minuten

Zutaten für 16 Portionen

250g Roquefort-Käse | **150g** Vollmilch Joghurt | **3** Tomaten | **½ Bund** Thymian | **1 mittelgroße** Salatgurke | **1 Prise** Salz und Pfeffer

---

Zubereitung

1. Die Gurke waschen, schälen, längs halbieren und entkernen.
2. Tomaten ebenfalls waschen, vierteln und kleinhacken.
3. Thymianblätter waschen, trocknen und die Blätter abzupfen.
4. Den Roquefort-Käse zerbröseln und gemeinsam mit dem Joghurt, Tomaten und den Thymianblättern vermengen. Ein wenig mit Salz und Pfeffer würzen.
5. Die Creme nun auf kleine, einzelne Gurkenschiffchen schmieren.
6. Das Ganze mit Pfeffer würzen und genießen.

Guten Appetit. :-)

Kichererbsen Suppe

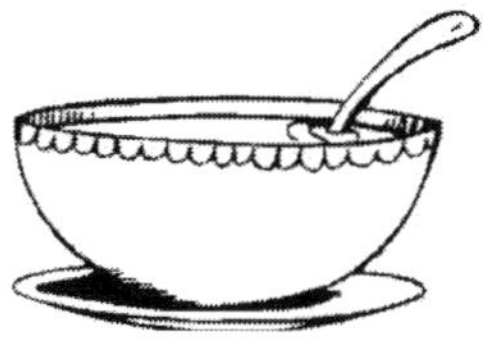

Zubereitungsdauer

20 Minuten

Zutaten für 2 Personen

200g getrocknete Kichererbsen | **2** Kartoffeln | **1** Möhre | **1** Zwiebel | **2 Stangen** Staudensellerie | **1 Prise** Salz

---

Zubereitung

1. Die Kichererbsen mit kaltem Wasser über Nacht stehen und einweichen lassen.
2. Zwiebel, Sellerie, Möhre und Kartoffeln schälen. Möhre in feine Streifen schneiden und die Kartoffeln achteln. Sellerie kleinstückeln und die Zwiebel vierteln.
3. Kichererbsen für 15 Minuten in kochendem Wasser köcheln lassen und den entstehenden Schaum abschöpfen.
4. Kochwasser abgießen, Kichererbsen wieder in den Topf geben, erneut mit viel Wasser auffüllen und aufkochen.
5. Anschließend die Zwiebel, Sellerie, Möhre, Kartoffeln und eine Prise Salz hinzugegeben und für 45 Minuten bei mittlerer Hitze köcheln lassen.

Guten Appetit. :-)

Pitabrot

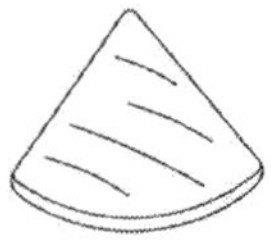

Zubereitungsdauer

20 Minuten

Zutaten für 2 Personen

150g Mehl | **½ TL** Backpulver | **2EL** Sonnenblumenöl | **1 Prise** Salz

---

Zubereitung

1. Mehl gemeinsam mit 8EL Wasser, Salz und dem Backpulver in eine Schale geben und ordentlich zu einem festen und glatten Teig verkneten.
2. Daraus einen dünnen Fladen formen und von beiden Seiten mit einer Gabel mehrmals einstechen.
3. Den Teig bei mittlerer Hitze für 5 Minuten in einer öligen Pfanne erhitzen bis es goldbraun angebraten ist.
4. Im warmen Zustand zur Kichererbsen Suppe aus dem vorherigen Rezept servieren.

Guten Appetit. :-)

Lachs aus der Alufolie

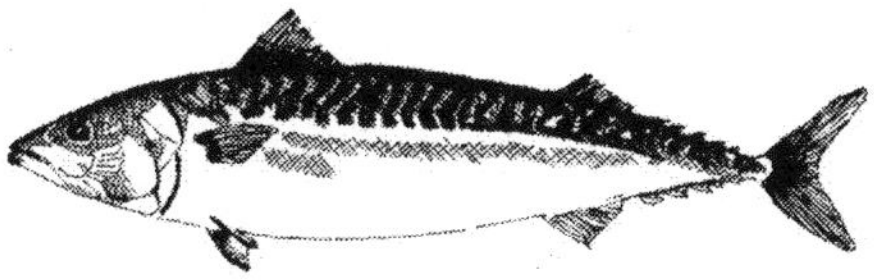

Zubereitungsdauer

20 Minuten

Zutaten für 2 Personen

2 Lachsfilets (je 250g) | **2** Möhren | **1 Stange** Lauch |
3EL Olivenöl | **1EL** Zitronensaft | **1 Prise** Salz und Pfeffer

---

Zubereitung

1. Backofen auf 180°C Ober- und Unterhitze vorheizen.
2. Die zwei Lachfilets ordentlich waschen, trocknen und mit Salz würzen.
3. Möhren schälen und in dünne Stifte schneiden. Lauch in dünne Ringe schneiden.
4. Den Lauch und die Möhre in einer öligen Pfanne für 5 Minuten bei mittlerer Temperatur anbraten.
5. Anschließend vom Herd nehmen und ein wenig salzen und pfeffern.
6. Ein großes Stück Alufolie mit dem Olivenöl beträufeln, die zwei Filets draufgeben und mit dem Zitronensaft verfeinern. Anschließend das Gemüse über die Filets geben.
7. Die Alufolie wie in Päckchen verschließen und in ein mit Wasser befülltes Backblech hineinlegen. Das Ganze dann auf der mittleren Schiene für 20 Minuten dämpfen. Herausnehmen und servieren.

Guten Appetit. :-)

Reis Basisrezept

Zubereitungsdauer

25 Minuten

Zutaten für 2 Personen

150g Reis (1 Tasse) | **1 Prise** Salz

Zubereitung

1. Den Reis gemeinsam mit 2 Tassen Wasser, also ca. 300ml Wasser in einen Topf geben, mit Salz würzen und aufkochen lassen.
2. Ordentlich umrühren, den Topf mit dem Deckel schließen und den Herd ausschalten.
3. Den Reis nun für ca. 20 Minuten ruhen lassen.

Guten Appetit. :-)

Exotischer Chicken Reis

Zubereitungsdauer

25 Minuten

Zutaten für 2 Personen

150g gegarter Reis aus dem Basisrezept| **2** Hähnchenbrustfilets | **jeweils 2EL** Sonnenblumenöl und Kokosmilch | **8** getrocknete Datteln | **jeweils 1** Chilischote und Banane | **1 Prise** Salz und Pfeffer

---

Zubereitung

1. Die Filets in kleine Stücke schneiden, salzen und in einer öligen Pfanne bei mittlerer Hitze beidseitig goldbraun anbraten.
2. Datteln entkernen und gemeinsam mit der Banane in kleine Stücke schneiden und die Chilischote kleinhacken.
3. Banane, Chilischote und Datteln gemeinsam mit der Kokosmilch, Reis zum Hähnchen geben und gut miteinander vermengen.
4. Das Ganze nochmal kurz erhitzen und mit Salz und Pfeffer würzen.

Guten Appetit. :-)

Linsen Basmatireis

Zubereitungsdauer

25 Minuten

Zutaten für 2 Personen

150g gegarter Reis aus dem Basisrezept| **100g** schwarze Belugalinsen | **3EL** Rosinen | **jeweils 2EL** Butter und Cashewkerne | **1 Prise** Salz und Pfeffer

---

Zubereitung

1. Die schwarzen Belugalinsen werden für 15 Minuten in kochendem Wasser bissfest gegart. Anschließend das Wasser abgießen.
2. Cashews und Rosinen kleinhacken und gemeinsam mit den Belugalinsen und dem Reis in eine mit Butter befettete Pfanne geben.
3. Das Ganze unter ständigem Rühren bei mittlerer Temperatur so lange braten bis der Reis braun wird.
4. Zu guter Letzt mit Salz und Pfeffer würzen.

Guten Appetit. :-)

Chicken Curry

Zubereitungsdauer

25 Minuten

Zutaten für 2 Personen

150g gegarter Reis aus dem Basisrezept| **2** Hähnchenbrustfilets |
1 rote Chilischote | **2** Knoblauchzehen | **½ Bund** Koriandergrün |
1 kleines Stück einer Ingwerwurzel | **3EL** Tomatenmark |
1TL gemahlene Kurkuma | **jeweils 2EL** Kochsahne und Sonnenblumenöl |
1 Prise Salz und Pfeffer

Zubereitung

1. Knoblauchzehe schälen, Chilischote und Koriander kleinhacken, Ingwer kleinreiben und alles gemeinsam mit der Kurkuma, Tomatenmark, etwas Pfeffer und Salz in eine große Schale geben und ordentlich fein pürieren.
2. Die Filets kleinhacken, salzen und in einer öligen Pfanne bei mittlerer Hitze rundherum mit dem Tomatenmark goldbraun anbraten.
3. Das Ganze anschließend mit 200ml Wasser ablöschen und verrühren.
4. Kochsahne hinzufügen und gemeinsam mit dem Currypulver ein wenig einkochen lassen.
5. Mit dem Basmatireis servieren und genießen.

Guten Appetit. :-)

Erdnuss Curry Basmatireis

Zubereitungsdauer

25 Minuten

Zutaten für 2 Personen

150g gegarter Reis aus dem Basisrezept| **150ml** Kokosmilch | **100g** Zuckerschoten | **1 Handvoll** Brokkoli Rösschen | **2EL** Sonnenblumenöl | **jeweils 1** Bio-Limette, Zucchini und grüne Chilischote | **1EL** Erdnussbutter | **1 Messerspitze** gemahlene Kurkuma | **1 Prise** Salz und Pfeffer

---

Zubereitung

1. Zucchini waschen und in 1cm dicke Scheiben schneiden.
2. Die Zucchinischeiben gemeinsam mit den Brokkoli, Zuckerschoten, Salz und Pfeffer für 5 Minuten bei mittlerer Hitze in einer öligen Pfanne anbraten.
3. 100ml Wasser in die Pfanne geben und ablöschen.
4. Die Schale der Limette abreiben, Chilischote kleinhacken und gemeinsam mit Erdnussbutter, Kokosmilch und Kurkuma hineingeben und vermischen.
5. Anschließend das Currypulver hinzufügen, einkochen lassen und schlussendlich mit dem gegarten Basmatireis servieren.

Guten Appetit. :-)

Garnelen mit Chili Linguini

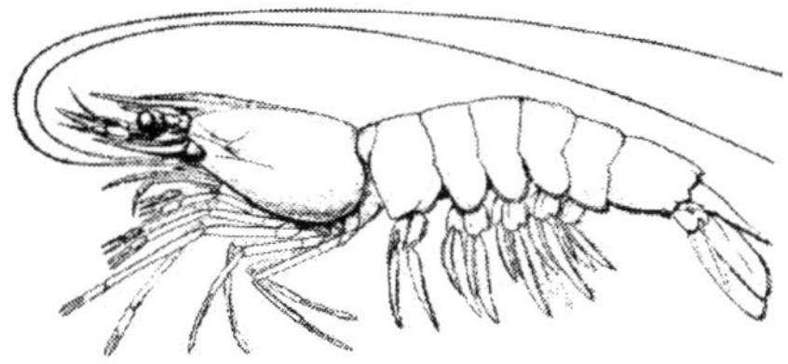

Zubereitungsdauer

20 Minuten

Zutaten für 2 Personen

250g Linguini | **10** Garnelenschwänze | **3** Knoblauchzehen | **1** Chilischote | **1 Handvoll** Rucola | **4EL** Olivenöl | **12** Kirschtomaten | **1EL** geriebener Parmesan | **1 Prise** Salz und Pfeffer

---

Zubereitung

1. Die Linguini nach Packungsanweisung bissfest garen und abgießen.
2. Währenddessen die Knoblauchzehen kleinpressen, Chili fein hacken und den Rucola grob hacken.
3. Garnelen schälen und gemeinsam mit dem Chili und Knoblauch in eine ölige Pfanne geben und für 2 Minuten bei mittlerer Temperatur kurz anbraten.
4. Die Kirschtomaten vierteln, mit in die Pfanne geben und das Ganze für weitere 2 Minuten garen.
5. Rucola Blätter und gegarte Linguini hinzufügen, vermischen, mit Salz und Pfeffer würzen und abschmecken.
6. Zu guter Letzt auf Tellern servieren und mit dem Parmesan bestreuen.

Guten Appetit. :-)

Tomatensuppe

Zubereitungsdauer

20 Minuten

Zutaten für 4 Personen

1kg Fleischtomaten | **500ml** Gemüsebrühe | **2TL** Essig | **2EL** Olivenöl | **1 Bund** Petersilie | **1 Prise** Pfeffer

---

Zubereitung

1. Gewaschene Fleischtomaten in eine Schüssel legen und mit heißgekochtem Wasser übergießen und für 15 Minuten baden lassen.
2. Die Tomaten solange im Wasser lassen bis man die Haut ganz einfach abpellen kann.
3. Das Olivenöl bei mittlerer Hitze in einem Topf erhitzen und die Tomaten für gute 15 Minuten darin garen lassen.
4. Anschließend Gemüsebrühe, Petersilie, eine Prise Pfeffer und den Essig hinzugeben und mit einem Stabmixer ordentlich pürieren.
5. Zu guter Letzt lassen wir die Suppe für 15 Minuten ordentlich vor sich in köcheln.

Guten Appetit. :-)

Blumenkohlsuppe

Zubereitungsdauer

25 Minuten

Zutaten für 4 Personen

2 Blumenkohlköpfe | **400g** Schafskäse | **10TL** Gemüsebrühe | **1 ½ Liter** Wasser

---

Zubereitung

1. Das Wasser in einen Topf gießen und gemeinsam mit der Gemüsebrühe aufkochen.
2. Anschließend werden die Blumenkohlköpfe in Rösschen auseinandergenommen und darin weichgekocht.
3. Die Hälfte des Blumenkohls wird mit einem Mixer fein püriert und wieder in die Suppe geschüttet. Anschließend wieder aufkochen lassen.
4. Jetzt den Käse klein würfeln und mit in die Suppe geben.
5. Sobald der Käse geschmolzen ist kann es serviert werden.

Guten Appetit. :-)

Thailändische Möhrensuppe

Zubereitungsdauer

20 Minuten

Zutaten für 4 Personen

500g Möhren | **250ml** Kokosmilch | **1TL** Gemüsebrühe | **2TL** Currypaste

---

Zubereitung

1. Die geschälten Möhren in kleine Stücke hacken und dann mit der Gemüsebrühe in einem Topf garen.
2. Anschließend im Mixer fein pürieren und währenddessen die Currypaste und die Kokosmilch hinzugeben.
3. Zu guter Letzt wieder in den Topf geben und leicht aufkochen lassen.

Guten Appetit. :-)

Würzige Tomaten Paprikasuppe

Zubereitungsdauer

30 Minuten

Zutaten für 4 Personen

900g Tomaten (8Stk.) | **500g** Paprika (4Stk.) | **15 Blätter** Basilikum | **300ml** Gemüsebrühe | **2TL** Olivenöl | **2** Knoblauchzehen | **jeweils 2TL** Salz und Pfeffer

---

Zubereitung

1. Tomaten, Paprika, Knoblauchzehe, Basilikumblätter und Zwiebeln feinhacken und miteinander vermischen.
2. Alles bis auf die Tomaten in einem öligen Topf dämpfen und daraufhin 2EL Wasser hinzugeben.
3. Für 5-8 Minuten auf geringer Hitze köcheln lassen bis das Gemüse gar ist.
4. Weitere 10 Minuten mit geschlossenem Deckel köcheln lassen. Je nach Lage etwas Wasser hinzugeben.
5. Die Tomaten und die Brühe hinzugeben und mit den jeweiligen Gewürzen verfeinern.
6. Mit geöffnetem Deckel für 15 Minuten köcheln lassen. Anschließend abschmecken und servieren.

Guten Appetit. :-)

Curry Karottensuppe

Zubereitungsdauer

30 Minuten

Zutaten für 4 Personen

500g Karotten | **300g** mehlige kochende Kartoffeln | **350ml** Kokosmilch | **jeweils 1EL** Kurkuma und Kokosfett | **1** Kohlrabi | **1 Stück** frischer Ingwer (4cm) | **Halbes Bund** Petersilie | **2TL** Currypulver | **½ Liter** Gemüsebrühe | **1 Prise** Salz und Pfeffer

---

Zubereitung

1. Gemüse ordentlich waschen und putzen. Karotten in feine Streifen schneiden. Geschälte Kartoffel und Kohlrabi ebenfalls in feine Streifen schneiden. Geschälten Ingwer und Petersilie klein hacken.
2. Das Gemüse in einem Topf mit Kokosfett anbraten und die Kokosmilch, Gewürze und die Gemüsebrühe hinzugeben und für 15 Minuten mit Deckel köcheln lassen.
3. Halbe Suppe in eine Schüssel gießen und das restliche mit dem Stabmixer fein pürieren. Die Hälfte aus der Schüssel wieder in den Topf füllen, alles aufkochen lassen und mit Salz und Pfeffer würzen.
4. Zum Schluss mit der Petersilie bestreuen.

Guten Appetit. :-)

Zwiebelsuppe

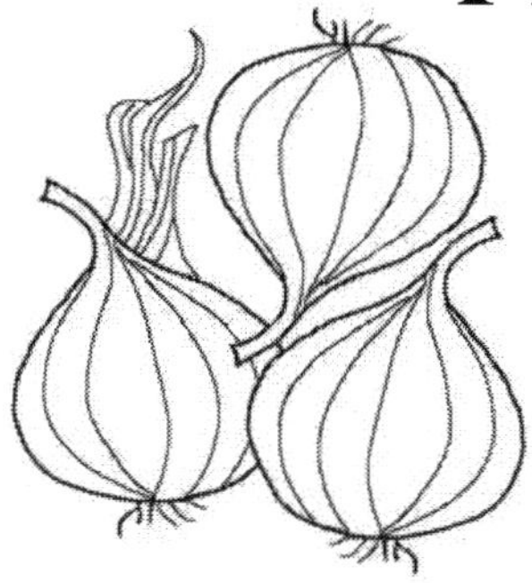

Zubereitungs- und Kochdauer

25 Minuten – 60 Minuten

Zutaten für 4 Personen

Jeweils 500ml Wasser und Rinderbrühe | **500g** Zwiebeln | **70g** Pecorino | **3EL** Olivenöl | **1 Prise** Salz und Peperoncini Pulver | **1EL** Weizenmehl Type 550 | **4 Scheiben** altbacken Weizenbrot |

Zubereitung

1. Rinderbrühe und Wasser in einem großen Topf zum Kochen bringen und währenddessen das Mehl ohne jegliches Fett in einer Pfanne anrösten bis es leicht braun ist. Dann sofort herausnehmen.
2. Geschälte Zwiebel in feine Scheiben schneiden und sie in einer öligen Pfanne glasig dünsten und mit dem Salz und dem Peperoncini würzen.
3. Jetzt das Mehl und die Zwiebeln mit in die Brühe geben für 60 Minuten bei geringer Hitze köcheln lassen. Währenddessen umrühren nicht vergessen.
4. Brotscheiben rösten und in die Teller legen, mit der Suppe befüllen und dem Pecorino bestreuen.

Guten Appetit. :-)

Karibische Kohlrabisuppe

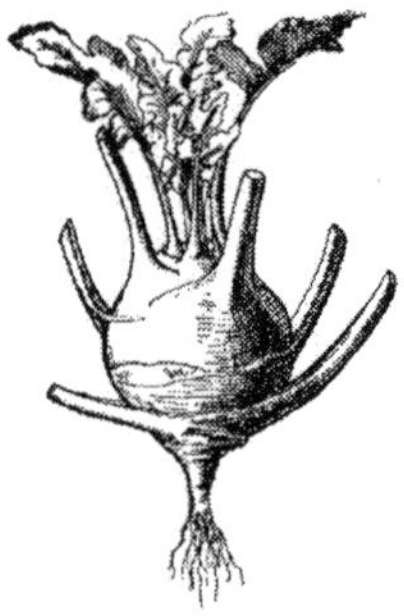

Zubereitungsdauer

30 Minuten

Zutaten für 4 Personen

500g Kohlrabi | **350ml** Gemüsebrühe | **150ml** Kokosmilch | **150g** Pastinaken | **3TL** Kokosöl | **1** Zwiebel | **1** Knoblauchzehe

---

Zubereitung

1. Zwiebel, Knoblauchzehe, Kohlrabi und Pastinaken schälen und kleinhacken.
2. Knoblauchzehe, Zwiebel und Pastinaken in einer Pfanne mit Kokosöl anschwitzen.
3. Kohlrabi hinzugeben und mit der Gemüsebrühe aufgießen. Für ca. 25 Minuten ordentlich köcheln lassen.
4. Kokosmilch mit hinzugeben und ca. 5 Minuten weiter köcheln lassen.
5. Das Ganze mit beliebigen Gewürzen verfeinern und abschmecken.
6. Als zusätzliche Option kann die Suppe mit Garnelen oder feinem Schinken garniert werden.

Guten Appetit. :-)

Möhren Kürbissuppe

Zubereitungsdauer

20 Minuten

Zutaten für 4 Personen

Jeweils 300g Möhren und Kürbisfleisch | **1 Prise** Meersalz und Pfeffer | **100ml** Milch | **2TL** Olivenöl | **1** Zwiebel | **500ml** Gemüsebrühe

---

Zubereitung

1. Geschälte Zwiebel kleinhacken.
2. Möhren und Kürbis kleinwürfeln.
3. Zwiebel in einem öligen Topf anrösten und die Kürbis- und Möhrenwürfel hinzugeben und für kurze Zeit mitrösten.
4. Brühe hineingießen und mit einer Prise Salz und Pfeffer verfeinern.
5. Für 15 Minuten bei geringer Hitze garen und anschließend die Milch hineingeben und mit dem Stabmixer durchpürieren.

Guten Appetit. :-)

Hühner Suppentopf

Zubereitungsdauer

30 Minuten

Zutaten für 4 Personen

2 kleine Hühnerfilets | **1 Liter** Gemüsebrühe | **jeweils 200g** Porree, Erbsen und Suppennudeln | **etwas** Schnittlauch | **2** Karotten

---

Zubereitung

1. Die Filets in kleine Stücke schneiden. Die geschälten Karotten und den Porree in Ringe hacken.
2. In einem Topf die Gemüsebrühe aufkochen lassen und die Karotten gemeinsam mit dem Fleisch und dem Porree hineingeben. 10-15 Minuten später die Nudeln und die Erbsen mit hinzugeben und alles gut vermischen.
3. Wenn die Nudeln bissfest sind, kann die Suppe serviert werden.
4. Zum Schluss den kleingehackten Schnittlauch auf die Suppe streuen.

Guten Appetit. :-)

Frittatensuppe

Zubereitungsdauer

35 Minuten

Zutaten für 4 Personen

200g Wurzelgemüse (z.B. Zwiebel, Möhre, Porree, Sellerie) | **1** Lorbeerblatt | **1 Liter** Wasser | **etwas** Meersalz, Pfefferkörner und Liebstöckel | **1** Ei | **2EL** Rapsöl | **130ml** Milch | **80g** Vollkornmehl

---

Zubereitung

1. Das Gemüse waschen, in kleine Stücke hacken und das Wasser im Topf aufkochen lassen.
2. Anschließend das kleingehackte Gemüse, Lorbeerblatt, eine Prise Salz, Liebstöckel und die Pfefferkörner hinzugeben und für ca. 30 Minuten köcheln lassen.
3. Währenddessen die Milch mit dem Mehl verrühren und etwas mit Salz würzen.
4. Nun das Ei miteinrühren und den Teig für knappe 15 Minuten ruhen lassen.
5. In einer mit Öl befetten Pfanne die Pfannkuchen beidseitig ausbacken. Anschließend in feine Streifen schneiden und mit zur Suppe geben.
6. Nun können Sie die Suppe heiß servieren.

Guten Appetit. :-)

Cremige Brokkolisuppe

Zubereitungsdauer

15 Minuten

Zutaten für 4 Personen

500g Brokkoli | **800ml** Gemüsebrühe | **250ml** Milch | **2** Zwiebeln | **1 Prise** Meersalz und Pfeffer | 2TL Olivenöl

---

Zubereitung

1. Brokkoli waschen und in kleine Rösschen zerteilen. Die Zwiebel schälen und in kleine Würfel hacken.
2. Das Olivenöl im Topf erhitzen und die kleingehackte Zwiebel bei mittlerer Stufe andünsten.
3. Das Ganze mit der Gemüsebrühe aufgießen und die Brokkoli Rösschen hinzugeben.
4. Nun etwas salzen und pfeffern und es solange köcheln lassen bis die Brokkoli weich geworden ist.
5. Zum Schluss mit einem Stabmixer durch pürieren, die Milch hinzugeben und alles noch einmal aufkochen. Fertig ist die Suppe.

Guten Appetit. :-)

Karotten Linsensuppe

Zubereitungsdauer

40 Minuten

Zutaten für 4 Personen

200g Karotten | **150ml** Orangensaft | **70g** rote Linsen | **2EL** saure Sahne | **2** Zwiebeln | **1** Knoblauchzehe | **500ml** Hühnerbrühe | **1 Prise** Pfeffer | **2TL** Rapsöl |

Zubereitung

1. Die geschälten Karotten in grobe Stücke hacken. Ebenfalls die geschälten Zwiebeln und Knoblauchzehen in grobe Würfel hacken.
2. Jetzt in einem mit Öl erhitzten Topf die Zwiebel und den Knoblauch glasig dünsten, die Karotten hinzugeben und für ca. 3 Minuten mit dünsten lassen.
3. Die Hühnerbrühe hineingießen und mit einer Prise Pfeffer würzen.
4. Das Ganze im geschlossenen Zustand für 15 Minuten kochen lassen und anschließend mit dem Stabmixer fein pürieren.
5. Nun die Linsen gemeinsam mit dem Orangensaft hinzugeben und für ca. 20 Minuten weiter garen.
6. Wenn die Linsen weich sind mit etwas Sahne verfeinern und servieren.

Guten Appetit. :-)

Ingwer Möhrensuppe

Zubereitungsdauer

25 Minuten

Zutaten für 4 Personen

250g Möhren | **500ml** Gemüsebrühe | **70g** Sahne | **2EL** Butter | **1** Zwiebel | **1 Stück** frischer Ingwer (5cm) | **1 Prise** Salz, Pfeffer und Zucker | ½ Bio Limette

Zubereitung

1. Geschälte Möhren in feine Scheiben schneiden und geschälte Zwiebel und Ingwer in kleine Würfel hacken.
2. Die Zwiebel nun in einem erhitzten Topf mit Butter andünsten. Die Möhren- und Ingwerstücke hinzugeben und für 3-4 Minuten mit einrühren und dünsten. Das Ganze mit einer Prise Salz, Pfeffer und Zucker verfeinern.
3. Gemüsebrühe hinzugießen und im geschlossenen Zustand bei geringer Hitzestufe für knappe 20 Minuten garen lassen.
4. Währenddessen die Bio Limette mit heißem Wasser waschen, trocknen, die Schale abreiben und den Limetten Saft auspressen.
5. Sahne ordentlich steifschlagen und den Schalenabrieb einrühren.
6. Wenn die Möhren endlich weich sind den Limettensaft hinzugeben und abschmecken.
7. Hälfte der Sahne unterrühren und mit dem Stabmixer fein pürieren.
8. Suppe servieren und die restliche Sahne mit Kräutern deiner Wahl garnieren.

Guten Appetit. :-)

Ingwer Kürbissuppe

Zubereitungsdauer

35 Minuten

Zutaten für 4 Personen

300g Hokkaidokürbis | **jeweils 2** Zwiebeln und Knoblauchzehen | **2EL** saure Sahne | **1 Prise** Pfeffer | **1EL** Öl | **½ TL** Gemüsebrühe | **1 Stück** frischer Ingwer (5cm) | **etwas** Currypulver

---

Zubereitung

1. Kürbis in zwei Hälften schneiden, entkernen und Fasern entfernen. Den Kürbis gemeinsam mit der Schale würfeln, den geschälten Ingwer feinhacken. Ebenso Knoblauch und Zwiebel schälen und feinhacken.
2. Gemüsebrühe in 500ml kochendem Wasser verrühren.
3. In einem öligen Topf die Zwiebel andünsten, Knoblauch und Ingwer hinzugeben und ebenso andünsten. Jetzt mit dem Curry bestreuen und ordentlich durchrühren.
4. Die Kürbiswürfel mit hineinwerfen, anbraten und mit der Brühe ablöschen. Bei kleiner Hitze in geschlossenem Zustand für knappe 20 Minuten köcheln lassen und nebenbei rühren.
5. Wenn der Kürbis zerfallen ist, die Sahne und 100ml Wasser einrühren. Jetzt mit dem Stabmixer durchpürieren und nochmal aufkochen lassen.
6. Mit einer Prise Pfeffer würzen und servieren.

Guten Appetit. :-)

Möhrensuppe

Zubereitungsdauer

15 Minuten

Zutaten für 3 Personen

300g Karotten | **200ml** Wasser | **3TL** Kräuter Frischkäse |
2TL Butter und Gemüsebrühe

Zubereitung

1. Geschälte Karotten klein hacken und in einem mit der Butter befetteten Pfanne andünsten bis die Möhren weich geworden sind.
2. Jetzt das Wasser hinzugeben und es mit der Brühe abschmecken und noch einmal aufkochen lassen.
3. Zu guter Letzt mit Frischkäse verfeinern.

Guten Appetit. :-)

Hokkaido Kokos Suppe

Zubereitungsdauer

15 Minuten

Zutaten für 4 Personen

1 Hokkaido Kürbis | **100ml** Kokosmilch | **50ml** Orangensaft | Salbeiblätter | **1 Prise** Salz und Pfeffer

---

Zubereitung

1. Kürbis schälen, entkernen und kleinwürfeln.
2. Die Kürbiswürfel gemeinsam mit dem Orangensaft in einen Topf geben und für 30 Minuten bei mittlerer Hitze kochen lassen.
3. Nach den 30 Minuten den Topf vom Herd nehmen und mit einem Pürierstab durchmixen.
4. Anschließend die Kokosmilch, eine Prise Salz und Pfeffer hinzugeben und ordentlich durchrühren.
5. Das Ganze nochmal für 10 Minuten bei mittlerer Hitze kochen lassen und servieren.

Guten Appetit. :-)

Spinat Erdbeersalat

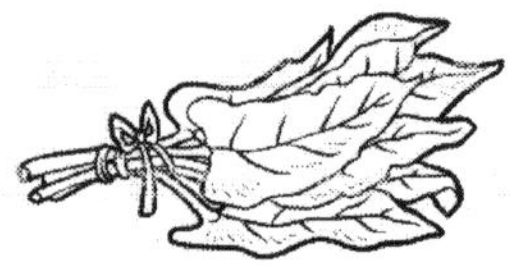

Zubereitungsdauer

15 Minuten

Zutaten für 4 Personen

300g Blattspinat | **100g** Erdbeeren | **30g** Himbeeren | **2TL** stilles Wasser | **1TL** Kräuteressig | **1 Prise** Pfeffer

---

Zubereitung

1. Erdbeeren waschen und vierteln.
2. Ebenfalls die Spinatblätter waschen.
3. Für das Dressing werden die Himbeeren mit einem Stabmixer feinpüriert und anschließend mit dem Wasser und dem Essig vermengt.
4. Spinatblätter und Erdbeeren in eine Schüssel geben, das Dresing hinzufügen und zu guter Letzt mit ein wenig Pfeffer würzen.

Guten Appetit. :-)

Couscous Salat

Zubereitungsdauer

15 Minuten

Zutaten für 4 Personen

100g Couscous | **1EL** Olivenöl | Wasser | **2** Fleischtomaten | ½ Salatgurke | **1** rote Paprika | **½ Bund** Schnittlauch | **½ Bund** Petersilie | **1 Prise** Pfeffer

---

Zubereitung

1. Den Couscous in einen Topf geben und mit erhitztem Wasser übergießen bis es komplett bedeckt ist.
2. Den Couscous nun für 10 Minuten ruhen lassen.
3. Währenddessen werden die Tomaten, die Gurke und Paprika gewaschen, entkernt und in kleine Stücke geschnitten.
4. Petersilienblätter und Schnittlauch ebenfalls kleinhacken.
5. Den Couscous gemeinsam mit dem Gemüse in eine Salatschüssel geben, mit Öl, etwas Wasser und einer Prise Pfeffer vermengen.

Guten Appetit. :-)

Champignon Salat

Zubereitungsdauer

25 Minuten

Zutaten für 4 Personen

500g frische Champignons | **100g** Spinatblätter | **5EL** Olivenöl | **3EL** Zitronensaft | **jeweils 1TL** Petersilie, Thymian und Meersalz | **1 Prise** Pfeffer

---

Zubereitung

1. Champignons abwaschen und in feine Scheiben schneiden.
2. Spinatblätter abwaschen und ordentlich trockenschütteln.
3. Anschließend den Zitronensaft in eine Schüssel geben und mit Öl, Salz und Pfeffer vermengen.
4. Spinatblätter und Champignons mit in die Schüssel geben und alles gut durchmischen.
5. Das Ganze nun etwas ruhen lassen, abschmecken und mit Thymian und Petersilie verfeinern.
6. Servieren und genießen.

Guten Appetit. :-)

Caesar Salat

Zubereitungsdauer

15 Minuten

Zutaten für 4 Personen

200g Hähnchenbrustfilet | **100g** Parmesan | **60g** Naturjoghurt | **jeweils 2TL** Essig, Senf und Zitronensaft | **jeweils 2** Knoblauchzehen und Romanasalat Herzen | **3EL** Olivenöl | **1 Prise** Salz und Pfeffer

---

Zubereitung

1. Den Romanasalat waschen und in kleine Stücke schneiden.
2. Das Hähnchenbrustfilet in einer öligen Pfanne anbraten und mit einer Prise Salz und Pfeffer anbraten.
3. Das Parmesan gemeinsam mit dem Joghurt, 2EL Öl, kleingepresste Knoblauchzehen, Senf, Zitronensaft und Essig in ein hohes Gefäß geben und zu einer feinen Masse pürieren.
4. Anschließend den kleingeschnittenen Salat zum Dressing geben und miteinander vermengen.
5. Das mittlerweile fertig gebratene Filet in feine Streifen schneiden und gemeinsam mit dem Salatdressing auf einem Teller anrichten und genießen.

Guten Appetit. :-)

Schafskäse Salat

Zubereitungsdauer

10 Minuten

Zutaten für 4 Personen

200g Schafskäse | **2** Salatgurken | **4 kleine** Möhren | **1** rote Paprika | **8** Cocktailtomaten | **250g** Mais aus der Dose | **jeweils 2TL** Olivenöl und Balsamico | **1 Prise** Salz und Pfeffer | **etwas** Basilikum

---

Zubereitung

1. Jedes Gemüse aus der Liste ordentlich waschen, gegebenenfalls schälen und in kleine Stücke schneiden.
2. Anschließend den Mais vom Saft mit einem Sieb abtropfen lassen und gemeinsam mit dem vorhin gewaschenen Gemüse in einer Schüssel vermischen.
3. Schafskäse kleinwürfeln und mit dem Salat vermischen.
4. Das Balsamico Essig und Öl zu einer Marinade vermengen und mit Salz und Pfeffer würzen.
5. Die Basilikumblätter kleinhacken und gemeinsam mit der Marinade über den Salat geben.

Guten Appetit. :-)

Kichererbsen Salat

Zubereitungsdauer

15 Minuten

Zutaten für 4 Personen

750g Kichererbsen aus der Dose | **400g** Salatgurke | **1** grüne Paprika | **4** Tomaten | **2** gelbe Paprika | Weinessig | **2EL** Olivenöl | **1** Prise Salz und Pfeffer | TK-Kräutermischung

---

Zubereitung

1. Kichererbsen für mindestens 8 Stunden in Wasser einweichen lassen und dann für 35 Minuten im Einweichwasser kochen, abgießen und auskühlen lassen.
2. Die Kichererbsen ordentlich abwaschen und in einem Sieb abtropfen lassen.
3. Die Tomaten, Paprikas und Salatgurken waschen und kleinschneiden.
4. Anschließend werden die Kichererbsen gemeinsam mit dem Gemüse vermischt.
5. Das Ganze wird jetzt mit Salz und Pfeffer gewürzt und gemeinsam mit dem Öl, Weinessig und den Kräutern vermengt.

Guten Appetit. :-)

Tomaten Lamm Salat

Zubereitungsdauer

15 Minuten

Zutaten für 4 Personen

350g Lammfilet | **jeweils 200g** Datteltomaten und Kirschtomaten | **300g** Rucola | **jeweils 100g** Mangold und Fetakäse | **60g** Basilikum Pesto | **2** Salatgurken | **4EL** Olivenöl | **1 Prise** Salz und schwarzer Pfeffer

---

Zubereitung

1. Das Lammfilet in feine Stücke schneiden und in einer öligen Pfanne für 5 Minuten anbraten, bis das Filet von innen rosa und von außen schön kross ist. Das Filet anschließend beiseitestellen.
2. Die Salatgurken längs in Scheiben schneiden, Tomaten halbieren, das Mangold waschen und trocknen lassen.
3. Lammfilet mit den Gurkenscheiben, dem Mangold, dem Rucola und den Tomaten in einer Schüssel anrichten und mit dem kleingebröckelten Fetakäse bestreuen.
4. 2EL Olivenöl mit dem Basilikum Pesto vermengen, mit Salz und Pfeffer würzen und über den Salat geben.

Guten Appetit. :-)

Tomaten Pasta Salat

Zubereitungsdauer

15 Minuten

Zutaten für 4 Personen

350g Nudeln egal welcher Art | **750g** Tomaten | **2EL** Olivenöl |
1 Knoblauchzehe | Basilikum | Zitronensaft | **1 Prise** Salz und Pfeffer

---

Zubereitung

1. Die Nudeln werden ganz gewöhnlich nach Packungsanweisung gekocht.
2. Tomaten kleinscheiden, Knoblauchzehe kleinpressen und beides mit den fertig gegarten Nudeln vermengen.
3. Anschließend Olivenöl, Zitronensaft, Salz und Pfeffer auf die Nudeln geben und nochmal ordentlich miteinander vermengen.
4. Nudeln mit dem Basilikumblättern anrichten und genießen.

Guten Appetit. :-)

Weißkohl Chili Salat

Zubereitungsdauer

15 Minuten

Zutaten für 4 Personen

500g Weißkohl | **2 Stangen** Porree | **5EL** Creme Fraiche | **2EL** Butter | **1EL** Zitronensaft | **1** Chilischote | **2TL** Senfsamen | **1EL** Öl

---

Zubereitung

1. Die Senfsamen in einer mit Butter und Öl befettetem Topf anbraten bis sie aufplatzen.
2. Den Weißkohl in feine Streifen schneiden.
3. Porree und Chilischote kleinschneiden und mit in den Topf geben und weich werden lassen.
4. Anschließend die Weißkohlstreifen mit in den Topf geben und mitanbraten bis er in sich zusammenfällt. Das Ganze mit Salz und Pfeffer würzen.
5. Mit Zitronensaft beträufeln und der Creme Fraiche vermengen.

Guten Appetit. :-)

Manchego Feigensalat

Zubereitungsdauer

15 Minuten

Zutaten für 2 Personen

2 Orangen | **2** Feigen | **2** Zitronenthymian | **10g** Manchego | **1 Prise** Pfeffer

---

Zubereitung

1. Orangen schälen, innere weiße Haut entfernen und ordentlich kleinschneiden.
2. Feigen ebenfalls kleinschneiden und mit den Orangenstücken vermischen.
3. Zitronenthymian waschen, trocknen, Blätter abzupfen und kleinhacken. Anschließend mit in das Obst mischen und gute 5 Minuten ziehen lassen.
4. Den Manchego mit einem Sparschäler in feine Streifen hobeln, mit in die Schüssel geben und mit einer Prise Pfeffer würzen.

Guten Appetit. :-)

Avocado Salat

Zubereitungsdauer

15 Minuten

Zutaten für 4 Personen

200g Rucola | **2** Avocados | **1** Mango | **2TL** Zitronensaft | **2** Mozzarellas

---

Zubereitung

1. Avocados schälen, in zwei Hälften schneiden und entkernen. Anschließend ordentlich kleinwürfeln und mit dem Zitronensaft beträufeln.
2. Mango schälen, entkernen und ebenfalls kleinwürfeln.
3. Mozzarellakugeln in kleine Stücke schneiden.
4. Rucola Blätter ordentlich waschen und von den groben Stielen entfernen.
5. Anschließend werden alle Zutaten in einer Schüssel miteinander vermischt und dann auf den Tellern serviert.

Guten Appetit. :-)

Kartoffel Kürbispuffer

Zubereitungsdauer

25 Minuten

Zutaten für 4 Personen

200g Kartoffeln | **200g** Kürbis | **50g** Dinkelmehl | **1** Ei | **120g** Joghurt | **2TL** Olivenöl | TK-Kräuter | **1 Prise** Salz, Pfeffer und Muskatnuss

---

Zubereitung

1. Kartoffel schälen und fein raspeln. Kürbis halbieren, Kürbisfleisch herausschneiden und ebenfalls fein raspeln.
2. Kürbis und Kartoffelraspel mit dem Ei und Mehl vermengen. Das Ganze mit Salz, Pfeffer und Muskatnuss würzen.
3. Aus der Masse kleiner Puffer formen und in einer öligen Pfanne beidseitig goldbraun ausbacken.
4. Währenddessen den Joghurt mit den Kräutern, etwas Salz und Pfeffer vermischen.
5. Die ausgebackenen Puffer mit dem Kräuterjoghurt servieren und genießen.

Guten Appetit. :-)

Schinkentoast

Zubereitungsdauer

20 Minuten

Zutaten für 1 Person

4 Scheiben Toastbrot | **4 Scheiben** Schinken | **8EL** Napoli Sauce | **1 Kugel** Mozzarella | **etwas** Olivenöl | **1 Prise** Basilikumgewürz

---

Zubereitung

1. Die vier Toastbrot Scheiben mit der Napoli Sauce bestreichen und auf jede Toastbrot Scheibe eine Salami legen.
2. Mozzarellakugel in feine Scheiben schneiden und die auf die Toasts verteilen.
3. Die Toasts nun für 8-10 Minuten auf dem Rost bei 200°C Ober- und Unterhitze im Backofen knusprig backen.
4. Herausnehmen und mit Olivenöl und Gewürz verfeinern.

Guten Appetit. :-)

GROßER HUNGER

Lamm Kebab

Zubereitungsdauer

15 Minuten

Zutaten für 2 Personen

2 Lammkoteletts | ½ Baguette | **2 Handvoll** tiefgekühlte Backofen Pommes | **2 Stiele** Minze | **1EL** Currypulver | **1EL** Öl | **2EL** Mayonnaise

---

Zubereitung

1. Als erstes wird das Baguette längs halbiert und dann nochmal jede Hälfte quer durch.
2. Die Koteletts werden gewaschen, trocken getupft, in kleine Stücke geschnitten, mit dem Öl beträufelt und dem Currypulver gewürzt.
3. Fleischstücke und Backofen Pommes auf die Baguette Hälften verteilen.
4. Das Ganze wird nun für 20 Minuten bei 230°C Ober- und Unterhitze im Backofen gegart.
5. Zum Schluss mit der Minze bestreuen und der Mayonnaise servieren.

Guten Appetit. :-)

Lammkoteletts Biryani

Zubereitungsdauer

15 Minuten

Zutaten für 2 Personen

2 Lammkoteletts | **2 Gläser** Erbsen (tiefgekühlt) | **2 Gläser** Reis | **1EL** Currypulver | **200ml** Kokosmilch | **1 Prise** Salz und Pfeffer

---

Zubereitung

1. Die Koteletts werden gewaschen, trocken getupft, von den Knochen gelöscht und anschließend in kleine Stücke gehackt.
2. Die Fleischstücke werden nun gemeinsam mit den Erbsen, Kokosmilch, zwei Gläser Wasser, Reis und dem Currypulver in einer Schüssel ordentlich vermischt und nochmal mit Salz und Pfeffer gewürzt.
3. Das Ganze für 20 Minuten bei 800 Watt in die Mikrowelle geben. Nach 10 Minuten einmal mit einem Löffel durchrühren, damit es auch von überall gleichmäßig gegart wird.
4. Herausnehmen, servieren und genießen.

Guten Appetit. :-)

Koriander Kebab

Zubereitungsdauer

15 Minuten

Zutaten für 2 Personen

2 Pita Taschen | **200g** Rinderhackfleisch | **4** Korianderstiele | **2 Handvoll** geriebener Cheddar | **1TL** Harissa-Paste (Chili)

Zubereitung

1. Die Korianderstiele ordentlich abwaschen, trocknen und schön kleinhacken.
2. Anschließend Hackfleisch mit dem Käse und der Harissa Paste vermengen bzw. verkneten.
3. Die Pita Taschen werden mit dieser Masse befüllt, auf das Backblech platziert und mit dem restlichen Käse bestreut.
4. Die Taschen werden nun für 15 Minuten bei 230°C Ober- und Unterhitze im Backofen gebacken.

   Guten Appetit. :-)

Cheesy Penne Bolognese

Zubereitungsdauer

15 Minuten

Zutaten für 3 Personen

300g Penne | **200g** Hacksteak | **5EL** geriebener Parmesan | **400g** stückige Tomaten aus einer Dose | **1** Zwiebel | **1 Prise** Salz und Pfeffer

---

Zubereitung

1. Die Penne Nudeln nach Packungsanleitung kochen.
2. Das Hacksteak gemeinsam mit 3EL Parmesan verkneten und 6 kleine Klößchen formen und sie mit der kleingehackten Zwiebel in einer öligen Pfanne für 15 Minuten braten.
3. Tomaten hinzugeben und für weitere 15 Minuten garen lassen.
4. Zum Schluss werden die Nudeln unterrührt, mit dem restlichen Parmesan bestreut und mit Salz und Pfeffer gewürzt.

Guten Appetit. :-)

Beef Chinanoodles

Zubereitungsdauer

10 Minuten

Zutaten für 2 Personen

100g Rinder Carpaccio | **150g** getrocknete Mie-Nudeln (inkl. Chilisoße) | **2 Stiele** Basilikum | **1 Dose** Palmenherzen | **1 Handvoll** geraspelte Möhren

---

Zubereitung

1. Mie-Nudeln, Chilisoße, Rinder Carpaccio und die Palmenherzen (in Scheiben geschnitten) gemeinsam mit 4 Gläser Wasser in eine Pfanne geben.
2. Das Ganze für 5 Minuten kochen und garen lassen und anschließend vom Herd nehmen und 5 Minuten ruhen lassen.
3. Zum Schluss das gewaschene Basilikum und die geraspelten Möhren unterrühren und servieren.

Guten Appetit. :-)

Hackbällchen mit Tomatensoße

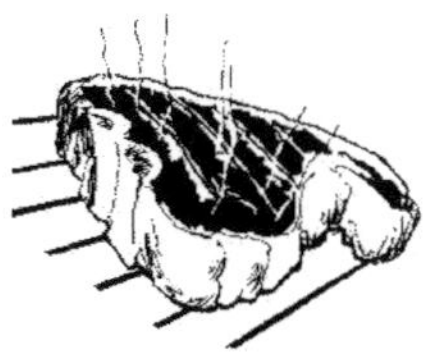

Zubereitungsdauer

15 Minuten

Zutaten für 2 Personen

2 Gläser stückige Tomaten | **200g** Rinderhackfleisch | **1EL** getrockneter Oregano | **3EL** geriebener Parmesan | **etwas** Olivenöl | **1 Prise** Salz und Pfeffer

---

Zubereitung

1. Hackfleisch mit 2EL Parmesan und dem Oregano vermengen bzw. verkneten und daraus 6 Hackbällchen formen.
2. Die Tomaten in eine Schüssel geben und mit 1EL Parmesan vermengen. Das Ganze dann nochmal mit Salz und Pfeffer würzen.
3. Für 5 Minuten bei 800 Watt in der Mikrowelle garen lassen.
4. Zum Schluss mit etwas Olivenöl verfeinern und je nach Belieben mit dem Mikrowellen Grieß servieren.

Guten Appetit. :-)

Chipolata Tomaten

Zubereitungsdauer

10 Minuten

Zutaten für 2 Personen

2 Fleischtomaten | **1** Ei | **1** Chipolata (Rinderbratwurst) |
1 Prise Salz und Pfeffer

Zubereitung

1. Die Fleischtomaten werden ordentlich gewaschen, vom Deckel entfernt und anschließend ausgehöhlt.
2. Das Chipolata Würstchen wird kleingewürfelt und mit dem Ei zusammen vermengt.
3. Nun befüllen wir die Tomaten mit der Ei-Wurst Masse und würzen es mit einer Prise Salz und Pfeffer.
4. Beide Tomaten setzen wir nun nebeneinander in eine Auflaufform, belegen sie erneut mit ihren Deckeln und füllen die Auflaufform mit 4EL Wasser.
5. Das Ganze nun für 30 Minuten bei 230°C Ober- und Unterhitze im Ofen backen.

Guten Appetit. :-)

Chili Con Carne Pfanne

Zubereitungsdauer

15 Minuten

Zutaten für 2 Personen

120g Rinderhackfleisch | **1 große Dose** Kidney Bohnen |
2 Handvoll geriebener Cheddarkäse | **1EL** gemahlener Kreuzkümmel |
2 Gläser pürierte Tomaten | **1EL** Öl | **1 Prise** Salz und Pfeffer

---

Zubereitung

1. Kidney Bohnen mit einem Sieb abbrausen und abtropfen lassen.
2. Anschließend die Kidney Bohnen mit dem Tomatenpüree, zerkrümeltem Hackfleisch, einem Esslöffel Kreuzkümmel und einem Glas Wasser in einer mit Öl befetteten Pfanne aufkochen und für weitere ca. 5 Minuten garen lassen.
3. Das Ganze mit Salz und Pfeffer würzen und mit Reis aus der Mikrowelle servieren.

Guten Appetit. :-)

Sahnige Hackbällchen

Zubereitungsdauer

10 Minuten

Zutaten für 2 Personen

200g Rinderhackfleisch | **200ml** Sahne | **1EL** geschrotteter Pfeffer |
1EL Sojasoße | **1EL** Öl | **1 Prise** Salz und Pfeffer

Zubereitung

1. Rinderhackfleisch zu 6 Hackbällchen formen und mit einer Prise Salz und Pfeffer würzen.
2. Die Hackbällchen anschließend in einer mit Öl befetteten Pfanne anbraten.
3. Anschließend die Sahne und Sojasoße hinzufügen und für weitere 3 Minuten garen lassen und dabei immer wieder mit dem Bratsaft übergießen.

Guten Appetit. :-)

Baken Crepes

Zubereitungsdauer

10 Minuten

Zutaten für 2 Personen

2 Buchweizen Crêpes (Fertigprodukt)| **4EL** Ketchup | **2 Handvoll** Cheddar | **120g** Rinderhackfleisch | **1EL** Kräuter der Provence

---

Zubereitung

1. Die Crêpes werden als erstes mit dem Ketchup bestrichen.
2. Anschließend das Hackfleisch darüber krümeln und mit 1 Handvoll geriebenem Cheddar und ½ EL Kräuter der Provence bestreuen.
3. Die Crêpes nun fest aufrollen und nebeneinander in einen Backofen geeignete Auflaufform platzieren.
4. Das Ganze dann nochmal mit dem restlichen Cheddar und Kräutern bestreuen und für 15 Minuten bei 230°C Ober- und Unterhitze backen.
5. Herausnehmen und servieren.

Guten Appetit. :-)

Cheesy Yakitori Spieße

Zubereitungsdauer

10 Minuten

Zutaten für 2 Personen

150g Rinder Carpaccio (8 Stück) | **150g** Emmentaler | **1 Prise** Knoblauchgranulat | **4EL** süße Sojasoße | **1 Prise** Salz und Pfeffer

---

Zubereitung

1. Emmentaler Käse in 8 Stifte schneiden. Jeder Käsestift wird von einer Rinder Carpaccio Scheibe umwickelt und durch ein Holzspieß gestochen.
2. Die Yakitori Spieße werden nebeneinander in eine Auflaufform platziert, mit dem Knoblauchgranulat bestreut und der Sojasoße beträufelt.
3. Das Ganze nun für 10 Minuten bei 230°C Ober- und Unterhitze im Backofen backen.

Guten Appetit. :-)

Double Cheese Chips Burger

Zubereitungsdauer

15 Minuten

Zutaten für 1 Person

2 Burger Buletten | **1 Handvoll** Kartoffel Chips | **120g** Rinderhackfleisch | **2** Schmelzkäse Ecken (je ca. 25g) | **2 Handvoll** geriebener Cheddarkäse

---

Zubereitung

1. Das Rinderhackfleisch wird als erstes mit der Hälfte des Cheddarkäses und dem Schmelzkäse vermengt, so dass eine gleichmäßige Masse entsteht.
2. Der Hack-Käse Mix wird auf die Unterseite der Buletten verteilt bzw. bestrichen und die andere Hälfte des Cheddar auf die Oberseite.
3. Das Ganze wird ohne, dass man die Burger aufeinander legt für 15 Minuten bei 230°C Ober- und Unterhitze im Backofen gebacken.
4. Anschließend werden die Chips auf das Hack verteilt und der Burger mit der Oberseite belegt.
5. Je nach Belieben mit Salat oder einer Soße servieren und genießen.

Guten Appetit. :-)

Rinderhack Auflauf

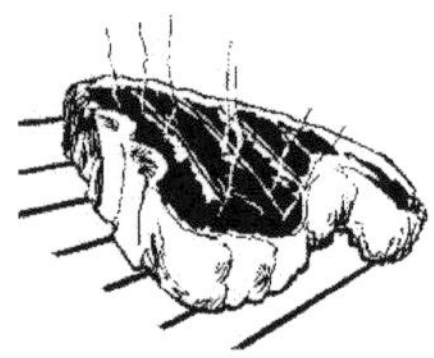

Zubereitungsdauer

10 Minuten

Zutaten für 2 Personen

200g Rinderhackfleisch | **1 Handvoll** geriebener Köse | **2 große** Kartoffeln | **200ml** Sahne | **1 Prise** Salz und Pfeffer

---

Zubereitung

1. Als erstes werden die zwei Kartoffeln gewaschen, geschält und in kleine Würfel geschnitten.
2. Diese geben wir nun gemeinsam mit der Sahne, dem Hackfleisch und dem geriebenen Käse in eine Auflaufform.
3. Das Ganze durchmischen und für 20 Minuten bei 800 Watt in der Mikrowelle garen.
4. Herausnehmen, servieren und genießen.

Guten Appetit. :-)

Cheesy Beef Hotdogs

Zubereitungsdauer

10 Minuten

Zutaten für 2 Personen

2 Hot-Dog Brötchen | **120g** Rinderhackfleisch | **1 Handvoll** geriebener Cheddar | **2EL** Barbecue Soße | **250g** Backofen Pommes (tiefgekühlt) | **1 Prise** Salz und Pfeffer

---

Zubereitung

1. Das Hackfleisch wird mit der Hälfte des Cheddar Käses und der Barbecue Soße vermischt.
2. Aus der Masse 2 Würstchen formen und in die zwei Hotdog Brötchen legen.
3. Die Pommes und die Hotdogs werden auf einem mit Backpapier ausgelegtem Backblech verteilt und der restliche Cheddar Käse auf die Hotdogs verstreut.
4. Das Ganze wird dann für 20 Minuten bei 230°C Ober- und Unterhitze im Backofen gebacken.
5. Herausnehmen und mit noch etwas Barbecue Soße servieren.

Guten Appetit. :-)

Pot-Au-Feu

Zubereitungsdauer

10 Minuten

Zutaten für 2 Personen

200g Rinderhackfleisch | **2** Möhren | **2** Navetten | **1 Stange** Lauch | ½ Brühwürfel | **1 Prise** Salz und Pfeffer

---

Zubereitung

1. Die Rüben und die Möhren ordentlich schälen. Die Rüben werden in Stücke geschnitten und die Möhre wird im Ganzen gelassen.
2. Den Lauch putzen, waschen und in zwei Hälften schneiden.
3. Nun geben wir die Rüben, Möhren, Lauch und den Brühwürfel in eine Schüssel und füllen das Ganze mit Wasser auf.
4. Mit Salz und Pfeffer würzen und für 30 Minuten bei 800 Watt mit Frischhaltefolie abgedeckt in der Mikrowelle garen.
5. Anschließend wird das Fleisch in Bällchen geformt und mit in die Schüssel gegeben.
6. Das Ganze nochmal für 2 Minuten kochen und je nach Belieben mit Kartoffeln etc. servieren.

Guten Appetit. :-)

American Spare Ribs

Zubereitungs- und Marinier Dauer

5 Minuten und 30 Minuten

Zutaten für 2 Personen

400g Spare Ribs | **1EL** Honig | **2EL** Sojasoße | **1EL** Paprikapulver | **2EL** Ketchup

---

Zubereitung

1. Spare Ribs ordentlich waschen, anschließend mit Küchenpapier trocken tupfen und in Einzelteile zerteilen.
2. Die Ribs nun mit dem Honig, der Sojasoße, dem Paprikapulver, dem Ketchup und 3 Gläsern Wasser vermengen.
3. Das Ganze dann für 30 Minuten zugedeckt marinieren lassen und anschließend in eine Auflaufform geben und für 60 Minuten bei 230°C Ober- und Unterhitze im Backofen garen lassen.
4. Herausnehmen und genießen.

Guten Appetit. :-)

Avocado Hack Fajitas

Zubereitungsdauer

10 Minuten

Zutaten für 2 Personen

2 Tortilla Fladen (aus Mais oder Weizen | **120g** Rinderhackfleisch | **1** Avocado | **2EL** Maiskörner | **1 Handvoll** geriebener Cheddar | **1 Prise** Salz und Pfeffer

---

Zubereitung

1. Die Avocado schälen, das Fleisch der Frucht aushöhlen und mit einer Gabel zermatschen bzw. zerkleinern.
2. Anschließend das zerkleinerte Avocado-Fruchtfleisch mit dem Rinderhackfleisch vermischen und mit Salz und Pfeffer würzen.
3. Als nächstes wird das Backblech mit den Tortillas belegt, die Avocado-Hack Mischung darauf platziert und der Cheddarkäse und Mais darüber verstreut.
4. Das Ganze wird nun für 20 Minuten bei 230°C Oben- und Unterhitze im Backofen gebacken.
5. Herausnehmen, servieren und genießen.

Guten Appetit. :-)

Cheesy Hack Tortillas

Zubereitungsdauer

5 Minuten

Zutaten für 2 Personen

4 Mini Tortilla Fladen (aus Weizen) | **120g** Rinderhackfleisch | **200g** griechischer Joghurt (10% Fett) | **1 Handvoll** geriebener Cheddar | **1EL** Kreuzkümmel

---

Zubereitung

1. Die Tortillas auf einem mit Backpapier ausgelegtem Backblech auslegen und mit dem Joghurt bestreichen.
2. Anschließend wird das Hackfleisch über die Tortillas drüber gekrümelt.
3. Jetzt mit dem Cheddar und dem Kreuzkümmel gleichmäßig bestreuen.
4. Das Ganze nun für 15 Minuten bei 230°C Over- und Unterhitze im Backofen backen.
5. Herausnehmen und je nach Belieben mit Salat servieren.

Guten Appetit. :-)

Limo Spare Ribs

Zubereitungs- und Marinier Dauer

5 Minuten und 30 Minuten

Zutaten für 2 Personen

400g Spare Ribs | **3EL** Sojasoße | **40g** Ingwer | **350ml** Orangenlimonade

---

Zubereitung

1. Spare Ribs ordentlich waschen, anschließend mit Küchenpapier trocken tupfen und in Einzelteile zerteilen.
2. Jetzt den Ingwer ganz gewohnt schälen und in feine Streifen hacken.
3. Die Spare Ribs werden nun nebeneinander in eine Auflaufform platziert.
4. Die Ingwerstreifen, Limonade und die Sojasoße darüber geben und alles für eine gute halbe Stunde ruhen und marinieren lassen.
5. Anschließend für 60 Minuten bei 230°C Ober- und Unterhitze im Backofen garen lassen.

Guten Appetit. :-)

Bourgiugnon

Zubereitungsdauer

15 Minuten

Zutaten für 2 Personen

200g Rinderhackfleisch | **100g** Speckwürfel | **4** Champignons | **¼** Brühwürfel | **4 Gläser** Rotwein | **1 Prise** Salz und Pfeffer

---

Zubereitung

1. Pilze waschen und in vier Teile hacken.
2. Die Pilze gemeinsam mit dem Speck, Brühwürfel, Wein und zwei Gläsern Wasser in einer Pfanne zum Kochen bringen und 15 Minuten lang garen lassen.
3. Anschließend das Hackfleisch zu 8 Bällchen formen und für 15 Minuten im Weinsud kochen lassen. Währenddessen hin und wieder das Hack mit dem Bratsaft übergießen.
4. Zum Schluss mit Salz und Pfeffer würzen und mit Nudeln aus der Mikrowelle servieren.

Guten Appetit. :-)

Geflügel Leber Terrine

Zubereitungsdauer und Kühlzeit

5 Minuten und 12 Stunden

Zutaten für 2 Personen

200g Geflügelleber | **2EL** Kräuter der Provence |
200g Thüringer Mett | **1** Ei | **1 Prise** Salz und Pfeffer

---

Zubereitung

1. Die Leber ordentlich säubern und anschließend in kleine Würfel schneiden.
2. Dann mit Salz und Pfeffer würzen und es daraufhin mit dem Ei, Mett und den Kräutern vermischen und durchkneten.
3. Die Ganze Masse in eine Gratinform abfüllen und für 60 Minuten bei 230°C Ober- und Unterhitze in einem Backofen garen lassen.
4. Anschließend herausnehmen und für 12 Stunden kühl lagern bevor man es serviert.

Guten Appetit. :-)

Chicken Peanut Röllchen

Zubereitungsdauer

10 Minuten

Zutaten für 2 Personen

1 Hähnchenbrustfilet | **2EL** Erdnussbutter | **4** Reispapierblätter |
4 Handvoll Salat-Mix | **1EL** Sojasoße

Zubereitung

1. Das Filet waschen, trocken tupfen und anschließend in Stücke schneiden.
2. Die Filetstücke mit 1EL Erdnussbutter vermengen und für 3 Minuten bei 800 Watt in der Mikrowelle garen lassen.
3. Jetzt werden die Reispapierblättchen in Wasser eingetunkt.
4. Filetstücke und Salat-Mix auf die Blätter verteilen und fest aufrollen.
5. 1EL Erdnussbutter und Sojasoße mit 1 Glas Wasser vermengen und für 1 Minuten bei 600 Watt in der Mikrowelle erwärmen.
6. Mit dem Dip servieren und genießen.

Guten Appetit. :-)

Mikrowellen Tajine

Zubereitungsdauer

10 Minuten

Zutaten für 2 Personen

2x Putenschnitzel | **1** Zucchini | **2** Kartoffeln |
1EL Kreuzkümmelsamen | **1** eingelegte Zitrone

Zubereitung

1. Putenschnitzel ordentlich waschen, trocken tupfen und dann in kleine Würfel schneiden.
2. Ebenfalls die Kartoffeln schälen und in kleine Würfel hacken.
3. Zucchini und Zitrone waschen und würfeln.
4. Anschließend alle Zutaten gemeinsam mit einem Glas Wasser in einer Schüssel mit Salz und Pfeffer vermengen.
5. Mit Frischhaltefolie abdecken und für 20 Minuten bei 800 Watt in der Mikrowelle garen.
6. Herausnehmen, servieren genießen.

Guten Appetit. :-)

Kokos Putenrouladen

Zubereitungsdauer

10 Minuten

Zutaten für 2 Personen

2 Putenrouladen | **100ml** Kokosmilch aus der Dose | **2EL** Ketchup |
1 Prise Salz und Pfeffer

Zubereitung

1. Die Putenrouladen werden nebeneinander in eine Mini-Ofen taugliche Auflaufform gesetzt.
2. Für die Soße vermischen wir die Kokosmilch mit dem Ketchup und würzen es noch mit etwas Salz und Pfeffer.
3. Das geben wir dann nun in die Auflaufform zu den Rouladen hinein und garen es für 30 Minuten bei 230°C Ober- und Unterhitze im Backofen.
4. Herausnehmen und je nach Belieben mit Reis servieren.

Guten Appetit. :-)

Chicken mit Chinanudeln

Zubereitungsdauer

10 Minuten

Zutaten für 2 Personen

150g getrocknete Mi-Nudeln (inkl. Chilisoße) | **1** Hähnchenbrustfilet | ½ rote Paprikaschote | **2** Korianderstiele | **1EL** helle Sesamsamen

---

Zubereitung

1. Das Filet waschen, trocken tupfen und in grobe Stückchen würfeln.
2. Die Paprikaschote ebenfalls waschen und in feine Streifen schneiden.
3. Beides kommt nun gemeinsam mit den Nudeln, der Chilisoße und den 4 Gläsern Wasser in eine Pfanne.
4. Alles erstmal aufkochen lassen und für gute 5 Minuten garen. Anschließend vom Herd nehmen und das Ganze für 5 Minuten in sich ziehen lassen.
5. Die Korianderstiele waschen und zupfen und gemeinsam mit dem Sesam drauf bestreuen und servieren.

Guten Appetit. :-)

Baken Burritos

Zubereitungsdauer

10 Minuten

Zutaten für 2 Personen

1 Avocado | **1** Putenschnitzel | **2** Tortilla Fladen | **4EL** Tomatenpüree | **2 Handvoll** geriebener Cheddar | **1 Prise** Salz und Pfeffer

---

Zubereitung

1. Als erstes wird die Avocado halbiert und das Fleisch ausgehöhlt.
2. Das Putenschnitzel wird gewaschen, trocken getupft und kleingewürfelt.
3. Die Tortilla Fladen werden mit den Putenwürfeln und dem Avocado Fruchtfleisch belegt.
4. Das Ganze wird nun zu gewöhnliche Burritos aufgerollt und in einen Backofen taugliche Auflaufform gesetzt.
5. Jetzt vermengen wir das Tomatenpüree mit einem Glas Wasser und gießen es darüber.
6. Das Ganze wird nun mit dem Käse bestreut und für 20 Minuten bei 230°C Ober- und Unterhitze gebacken.
7. Herausnehmen und je nach Belieben mit einem Salat servieren.

Guten Appetit. :-)

Kokos-Curry Chicken

Zubereitungsdauer

5 Minuten

Zutaten für 2 Personen

2 Hähnchenbrustfilets | **2 Handvoll** Blattspinat | **1EL** Currypulver | **200ml** Kokosmilch | **1 Prise** Salz und Pfeffer

---

Zubereitung

1. Das Hähnchen wird als erstes ganz wie gewohnt gewaschen, trocken getupft und anschließend in feine Würfel geschnitten.
2. Jetzt den Spinat verlesen und gut waschen und gemeinsam mit dem Hähnchenwürfel, Kokosmilch und dem Curry in einer Schüssel vermengt.
3. Das Ganze nun für 10 Minuten bei 800 Watt in der Mikrowelle garen lassen.
4. Zu guter Letzt mit Salz und Pfeffer würzen.
5. Je nach Belieben mit Reis oder Nudeln servieren.

Guten Appetit. :-)

Avocado Puten Empanadas

Zubereitungsdauer

5 Minuten

Zutaten für 2 Personen

2 Tortilla Fladen aus Mais | **2 Scheiben** Putenbrustaufschnitt | **4EL** Guacamole | **4** Champignons | **1 Handvoll** geriebener Käse

---

Zubereitung

1. Pilze ordentlich waschen und in feine Scheiben schneiden.
2. Anschließend die Putenbrust Scheiben kleinwürfeln.
3. Tortillas auf dem Backblech auslegen und mit der Hälfte vom Käse, den Pilzscheiben (4 Scheiben bei Seite legen), 1EL Guacamole und der Pute bestreuen und einmal zuklappen.
4. Anschließend mit dem restlichen Käse, Guacamole und den Pilzen bestreuen und für 15 Minuten bei 230°C Ober- und Unterhitze im Backofen backen.
5. Herausnehmen und mit Salat servieren.

Guten Appetit. :-)

Chicken- Cheeseburger

Zubereitungsdauer

10 Minuten

Zutaten für 1 Person

1 Hähnchenbrustfilet | **2 Scheiben** Cheddar Schmelzkäse | **2** Toast Brötchen | **1** Zitrone | **1 Handvoll** Rucola | **etwas** Olivenöl | **1 Prise** Salz und Pfeffer

---

Zubereitung

1. Das Filet waschen, ordentlich trocken tupfen und anschließend kleinwürfeln.
2. Die Rucola Blätter waschen und die Hälfte davon mit den Filetwürfeln und den ausgepressten Zitronensaft vermengen.
3. Die Brötchen in zwei Hälften schneiden, mit dem Filetgemisch und dem Schmelzkäse belegen.
4. Das Ganze für 15 Minuten bei 230°C Ober- und Unterhitze im Backofen garen lassen.
5. Anschließend geben wir den restlichen Rucola noch hinzu und beträufeln es mit etwas Olivenöl.

Guten Appetit. :-)

Minzige Chicken Wings

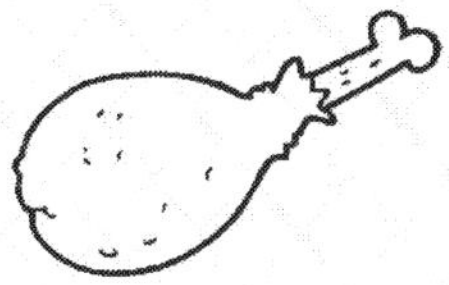

Zubereitungsdauer

5 Minuten

Zutaten für 2 Personen

2 Hähnchenoberschenkel | **100ml** Kokosmilch |
1EL Currypulver | **10** Minzblätter

Zubereitung

1. Die zwei Hähnchenoberschenkel gründlich waschen und im trockenen Zustand in eine Auflaufform legen.
2. Kokosmilch mit dem Currypulver vermengen und über die zwei Schenkel geben.
3. Das Ganze nun für 40 Minuten bei 230°C Ober- und Unterhitze im Backofen backen.
4. Herausnehmen und mit den gewaschenen Minzblättern servieren.

Guten Appetit. :-)

Cola Chicken Wings

Zubereitungsdauer

5 Minuten

Zutaten für 1 Person

2 Hähnchenunterschenkel | **1** Zitrone | **330ml** Cola | **1 Prise** Salz und Pfeffer

---

Zubereitung

1. Die zwei Hähnchenunterschenkel werden gründlich gewaschen und im trockenen Zustand in eine Auflaufform gesetzt.
2. Anschließend gießen wir die Cola und ca. 4EL Zitronensaft über die Schenkel und würzen es daraufhin mit etwas Salz und Pfeffer.
3. Die Schenkel werden nun für 60 Minuten bei 230°C Ober- und Unterhitze im Backofen gegart.
4. Herausnehmen und mit Backofen Pommes servieren.

Guten Appetit. :-)

Cola Chicken Wings

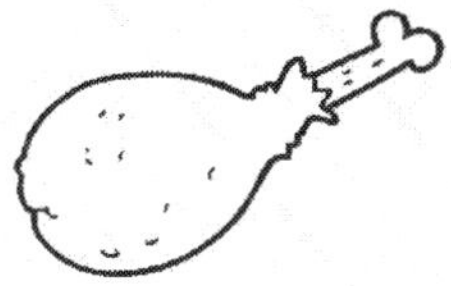

Zubereitungsdauer

5 Minuten

Zutaten für 1 Person

1 Putenschnitzel | **2EL** Erdnusskerne | **4EL** Sojasoße | **1EL** flüssiger Honig

---

Zubereitung

1. Putenschnitzel waschen, mit einem Küchenpapier trocken tupfen und in relativ große Stücke schneiden.
2. Die Putenstücke werden anschließend gemeinsam mit den Erdnusskernen, der Sojasoße und dem Honig unter ständigem Rühren für 5 Minuten in der Pfanne bei mittlerer Hitze gebraten.
3. Je nach Belieben mit Reis aus der Mikrowelle servieren.

Guten Appetit. :-)

Putenbrustfilet Frikasse

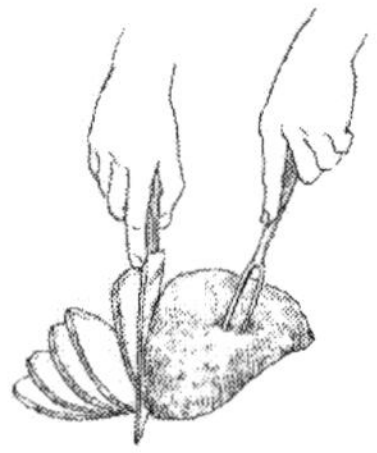

Zubereitungsdauer

5 Minuten

Zutaten für 2 Personen

400g Putenbrustfilet | **200ml** Sahne | **4** Champignons | **1** Möhre
1 Prise Salz und Pfeffer | **1EL** Öl

Zubereitung

1. Möhre schälen, Champignons waschen und beides jeweils in feine Scheibchen hacken.
2. Das Filet waschen, mit einem Küchenpapier trocknen und in einer mit Öl befetteten Pfanne anbraten.
3. Anschließend die Möhre, Champignons, Sahne und ein Glas Wasser hinzugeben.
4. Das Ganze mit Salz und Pfeffer würzen und bei geringer Temperatur für 30 Minuten anbraten.
5. Mit Reis aus der Mikrowelle servieren und genießen.

Guten Appetit. :-)

Hähnchen Risotto

Zubereitungsdauer

5 Minuten

Zutaten für 2 Personen

2 Hähnchenbrustfilets | **400ml** Kokosmilch |
1EL Currypulver | **2 Gläser** Risotto Reis |

Zubereitung

1. Die zwei Filets ordentlich waschen, trocknen und kleinhacken.
2. Anschließend das Fleisch mit dem Reis, Kokosmilch und dem Curry in eine Pfanne geben und bei mittlerer Temperatur anbraten.
3. Den Reis dann für 25 Minuten bei geringer Temperatur weiter garen lassen und währenddessen immer wieder umrühren.

Guten Appetit. :-)

Putengeschnetzeltes mit Rahmsoße

Zubereitungsdauer

5 Minuten

Zutaten für 2 Personen

2 kleine Putenschnitzel | **8** Champignons | **250ml** Sahne | **4EL** Sojasoße | **1EL** Öl

---

Zubereitung

1. Die Putenschnitzel in ordentlich waschen und in feine Streifen schneiden.
2. Champignons ebenfalls abwaschen und jeweils in vier Teile hacken.
3. Die Putenstreifen und Champignons für 2 Minuten in einer mit Öl befetteten Pfanne von allen Seiten anbraten und im Anschluss die Sojasoße und Sahne hinzugeben.
4. Das Ganze nun aufkochen und für ca. 10 Minuten garen lassen.
5. Zum Schluss mit Nudeln aus der Mikrowelle servieren.

Guten Appetit. :-)

Chili Curry Chicken

Zubereitungsdauer

5 Minuten

Zutaten für 2 Personen

2 Hähnchenbrustfilets | **1 große Dose** weiße Bohnen in Tomaten | **1EL** Currypulver | **1 Handvoll** geriebener Cheddarkäse| **1 Prise** Salz und Pfeffer | **1EL** Öl

---

Zubereitung

1. Die zwei Filets ordentlich waschen, trocknen, kleinwürfeln und in einer mit Öl befetteten Pfanne für 5 Minuten von allen Seiten anbraten.
2. Anschließend das Currypulver und die weißen Bohnen mit hinzugeben, mit Salz und Pfeffer würzen und für ca. 3 Minuten garen lassen.
3. Dann das Ganze mit dem Käse bestreuen und mit dem Reis Chili Rezept servieren.

Guten Appetit. :-)

Kartoffelgratin mit Speckwürfel

Zubereitungsdauer

10 Minuten

Zutaten für 2 Personen

2 große Kartoffeln | **200ml** Sahne | **2 Handvoll** geriebener Käse | **100g** Speckwürfel | **1 Prise** Salz und Pfeffer

---

Zubereitung

1. Kartoffeln schälen und in sehr feine bzw. dünne Scheiben schneiden.
2. Anschließend die Kartoffelscheiben mit dem Speck, der Sahne und dem Käse in einer Schüssel vermischen.
3. Das Ganze dann nochmal mit Salz und Pfeffer würzen.
4. Für 20 Minuten bei 800 Watt in der Mikrowelle garen lassen und servieren.

Guten Appetit. :-)

Aprikosen Schinkenbrot

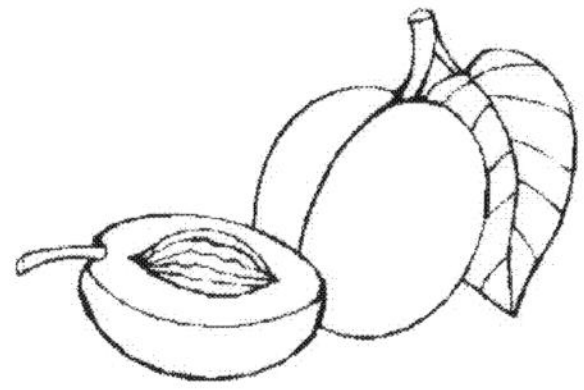

Zubereitungsdauer

5 Minuten

Zutaten für 2 Personen

2 Aprikosen | **2 Scheiben** Bauernbrot | **2 Scheiben** roher Schinken | **2EL** Parmesankäse | **1 Prise** Pfeffer

---

Zubereitung

1. Die zwei rohen Schinkenscheiben auf die Brotscheiben legen.
2. Aprikosen ordentlich abwaschen, vierteln, entkernen und in Spalten schneiden.
3. Die Aprikosenspalten mit dem Parmesankäse auf dem Brot verteilen und mit Pfeffer würzen.
4. Beide Brote nun in einem Backofen bei 230°C Ober- und Unterhitze für 15 Minuten überbacken.
5. Herausnehmen, servieren und genießen.

Guten Appetit. :-)

Birnen Speck Scheibe

Zubereitungsdauer

5 Minuten

Zutaten für 2 Personen

1 Birne | **50g** Speckwürfel | **2EL** Parmesanspäne | **2 Scheiben** Bauernbrot

---

Zubereitung

1. Die Birne waschen, schälen, entkernen und in dünne Scheiben schneiden.
2. Birnenscheiben nun auf das Brot verteilen.
3. Die Parmesanspäne und Speckwürfel auf dem Brot verteilen und mit einer Prise Pfeffer würzen.
4. Die Brote kommen nun für 10 Minuten bei 230°C bei Ober- und Unterhitze in den Backofen.
5. Herausnehmen, servieren und genießen.

Guten Appetit. :-)

Baskische Schinken Eier

Zubereitungsdauer

5 Minuten

Zutaten für 2 Personen

2 Scheiben roher Schinken | **2** Eier | **225g** tiefgekühlte Kartoffelwürfel | **1** rote Paprikaschote | **1EL** Öl

---

Zubereitung

1. Die Paprika in zwei Hälften schneiden, entkernen, gründlich waschen und in kleine Würfel hacken. Ebenfalls die zwei Schinkenscheiben kleinhacken.
2. Die Paprika und den Schinken gemeinsam mit den Kartoffelwürfeln in einer mit Öl befetteten, heißen Pfanne für 10 Minuten anbraten und währenddessen immer wieder umrühren.
3. Anschließend die Eier darüber aufschlagen und für weitere 5 Minuten brutzeln lassen, bis die Eier gestockt sind.

Guten Appetit. :-)

Ravioli mit Paprikasauce

Zubereitungsdauer

5 Minuten

Zutaten für 1 Person

250g Schinken Ravioli (Kühlregal) | **1EL** Paprikapulver | **100ml** Sahne

---

Zubereitung

1. Die Ravioli, Sahne, ein Glas Wasser und das Paprikapulver in einer Schüssel gründlich vermischen.
2. Das Ganze nun mit Frischhaltefolie abdecken und für 15 Minuten bei 800 Watt in der Mikrowelle garen.
3. Herausnehmen, heiß servieren und genießen.

Guten Appetit. :-)

Sauerkraut mit Würstchen

Zubereitungsdauer

5 Minuten

Zutaten für 2 Personen

400g Sauerkraut | **2 große** Kartoffeln | **2 geräucherte** Würstchen | **2 dünne** Scheiben Räucherspeck | **250ml** helles Bier | **1 Prise** Salz und Pfeffer

Zubereitung

1. Die Würstchen werden durch die Mitte längs halbiert und jede Hälfte der Wurst mit einer halben Speckscheibe umwickelt.
2. Anschließend die Kartoffeln schälen, in zwei Hälften schneiden und in eine Schüssel geben.
3. Das Ganze nun mit Salz und Pfeffer würzen und das Bier dazu gießen.
4. Jetzt für 20 Minuten bei 800 Watt in der Mikrowelle garen.
5. Herausnehmen, mit dem Sauerkraut servieren und genießen.

Guten Appetit. :-)

Speckige Bagels

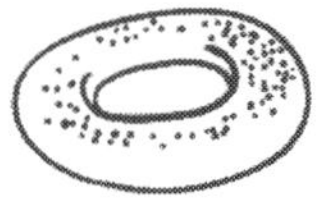

Zubereitungsdauer

5 Minuten

Zutaten für 1 Person

1 Sesam Bagel oder Brötchen | **3 dünne Scheiben** Räucherspeck | **30g** Frischkäse | **2 kleine** Handvoll Sauerkraut | **1EL** geriebener Parmesan | **1 Prise** Salz und Pfeffer

---

Zubereitung

1. Den Bagel quer halbieren und beide Hälften mit Frischkäse bestreichen.
2. Speckscheiben und Sauerkraut drauflegen.
3. Anschließend bestreuen wir die Bagels mit dem Parmesankäse und backen es für 15 Minuten bei 230°C Ober- und Unterhitze im Backofen.
4. Herausnehmen, mit Salz und Pfeffer würzen und je nach Belieben mit Salat servieren.

Guten Appetit. :-)

Merguez Gemüsepfanne

Zubereitungsdauer

5 Minuten

Zutaten für 2 Personen

4x Merguez Würstchen | **1x** Zucchini | **1x** rote Paprikaschote | **100g** Kichererbsen | **1EL** Ras-el-Hanout | **1 Prise** Salz und Pfeffer

---

Zubereitung

1. Die Merguez Würstchen, Paprika und Zucchini ordentlich waschen und in kleine Würfel hacken.
2. Anschließend alle Zutaten mit 2 Gläser Wasser in eine Schüssel geben und mit Frischhaltefolie abdecken.
3. Das Ganze für 15 Minuten bei 800 Watt in der Mikrowelle garen.
4. Herausnehmen, servieren und genießen.

Guten Appetit. :-)

Chorizo Chips Omelett

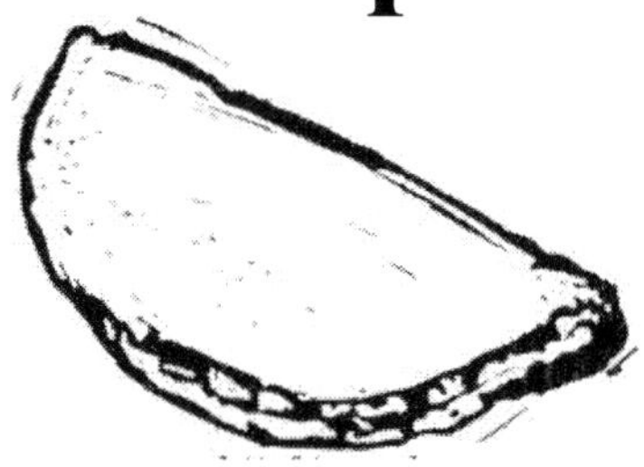

Zubereitungsdauer

5 Minuten

Zutaten für 2 Personen

8 Scheiben Chorizo | **6** Eier | **2 große Handvoll** Kartoffel Chips | **2EL** Öl

---

Zubereitung

1. Alle Eier mit einer Gabel verquirlen, die Chorizo Scheiben in kleine Stücke hacken und mit der Eimasse vermengen.
2. Die Eimasse für 5-8 Minuten in einer öligen Pfanne braten.
3. Wenn die Eier vollständig gestockt sind, lassen wir sie auf unseren Teller gleiten, verteilen die Kartoffel Chips darauf und klappen das Omelett zusammen.

Guten Appetit. :-)

Penne Carbonara

Zubereitungsdauer

5 Minuten

Zutaten für 2 Personen

250g Penne Nudeln | **100g** Speckwürfel | **1** Eigelb |
500ml Sahne | **1EL** geriebener Parmesan | **1 Prise** Salz und Pfeffer

---

Zubereitung

1. Alle Zutaten bis auf das Eigelb und 100ml Sahne gemeinsam mit einem Glas Wasser in einer Schüssel miteinander vermengen.
2. Mit Salz und Pfeffer würzen und für 15 Minuten bei 800 Watt in der Mikrowelle garen lassen.
3. Pasta aus der Mikrowelle herausnehmen, die übrig gebliebene Sahne und das Eigelb hinzugeben und ordentlich in die Pasta untermengen.

Guten Appetit. :-)

Chorizo Pizza

Zubereitungsdauer

5 Minuten

Zutaten für 1 Person

1 Pizzateig vom Kühlregal | **1** Zucchini | **1 Handvoll** geriebener Cheddar | **9 Scheiben** Chorizo | **1 Prise** Pfeffer | etwas Olivenöl

---

Zubereitung

1. Den Pizzateig auf einem mit Backpapier ausgelegtem Backblech ausrollen.
2. Die Zucchini werden ordentlich gewaschen, in feine Scheiben geschnitten und gemeinsam mit den Chorizo Scheiben auf dem Teig verteilt.
3. Anschließend mit dem Käse bestreuen und pfeffern.
4. Für 25 Minuten bei 230°C Ober- und Unterhitze im Backofen backen.
5. Herausnehmen, mit dem Olivenöl beträufeln und je nach Belieben mit Salat servieren.

Guten Appetit. :-)

Klößchen mit Paella Nudeln

Zubereitungsdauer

5 Minuten

Zutaten für 2 Personen

2 Gläser Hörnchen Nudeln | **200g** Thüringer Mett | **4 Gläser** Gazpacho | **1 Stängel** Zitronengras | **1EL** Öl | **1 Prise** Salz und Pfeffer

---

Zubereitung

1. Zitronengras kleinhacken und mit dem Thüringer Mett vermengen bzw. verkneten.
2. 12 Klößchen aus der Fleischmasse formen und in einer mit Öl befetteten Pfanne anbraten.
3. Anschließend die Nudeln, das Gazpacho und zwei Gläser Wasser hinzufügen.
4. Mit einer Prise Salz und Pfeffer würzen, aufkochen lassen für 15 Minuten bei geringer Temperatur garen.

Guten Appetit. :-)

Spiegelei mit Speck

Zubereitungsdauer

5 Minuten

Zutaten für 1 Person

2 Eier | **100g** Speckwürfel | **1 Stange** Lauch | **1TL** Paprikapulver

Zubereitung

1. Den Lauch abwaschen und in kleine Ringe hacken.
2. Anschließend den Speck gemeinsam mit den Lauchringen für 20 Minuten anbraten und währenddessen hin und wieder umrühren.
3. Die Eier auf den Speck und den Lauch aufschlagen und mit einem Teelöffel Paprikapulver würzen.
4. Das Ganze für 5 Minuten braten bis die Eier gestockt sind.

Guten Appetit. :-)

Würstchen Spiegelei

Zubereitungsdauer

5 Minuten

Zutaten für 2 Personen

2 Eier | **400g** geschälte Tomaten (1 Dose) |
1 geräucherte Wurst | **1EL** Balsamicoessig | 1 Prise Salz und Pfeffer

---

Zubereitung

1. Die Wurst in feine Scheiben schneiden und gemeinsam mit den geschälten Tomaten aus der Dose zum Kochen bringen. Für 15 weitere Minuten bei geringer Temperatur garen lassen.
2. Anschließend werden die Eier aufgeschlagen, auf die Tomatensoße gesetzt und für ca. 3-5 Minuten braten gelassen bis sie fest sind.
3. Das Ganze wird dann mit dem Balsamicoessig beträufelt und mit Salz und Pfeffer gewürzt.

Guten Appetit. :-)

Makkaroni Bacon Auflauf

Zubereitungsdauer

5 Minuten

Zutaten für 2 Personen

200g Makkaroni | **2 Scheiben** gekochter Schinken | **2 Handvoll** geriebener Käse | **400ml** Sahne | **1 Prise** Salz und Pfeffer

---

Zubereitung

1. Den Schinken in feine Streifen schneiden, gemeinsam mit der Sahne, einer Handvoll Käse, Makkaroni und einem Glas Wasser in eine Schüssel hineingeben.
2. Das Ganze nun mit Salz und Pfeffer würzen.
3. Anschließend für 15 Minuten bei 800 Watt garen lassen und den übrigen Käse darüberstreuen.
4. Erneut für 5 Minuten bei gleicher Temperatur garen, herausnehmen und servieren.

Guten Appetit. :-)

Chorizo Carbonara

Zubereitungsdauer

5 Minuten

Zutaten für 1 Person

150g Spaghetti | **100ml** Sahne | **4** Scheiben Chorizo |
2EL geriebener Parmesan | **1** Ei | **1 Prise** Salz und Pfeffer

---

Zubereitung

1. Die Nudeln in einem kochenden Salzbad garen, abgießen und abtropfen lassen.
2. Anschließend mit halbierten Chorizo Scheiben und 2EL Wasser mischen und für 5 Minuten in einer Pfanne garen.
3. Zum Schluss kommen der Parmesan, die Sahne und das Eigelb hinzu.
4. Alles nochmal durchrühren und für 30-60 Sekunden garen lassen.
5. Mit Salz und Pfeffer würzen und servieren.

Guten Appetit. :-)

Jambalaya

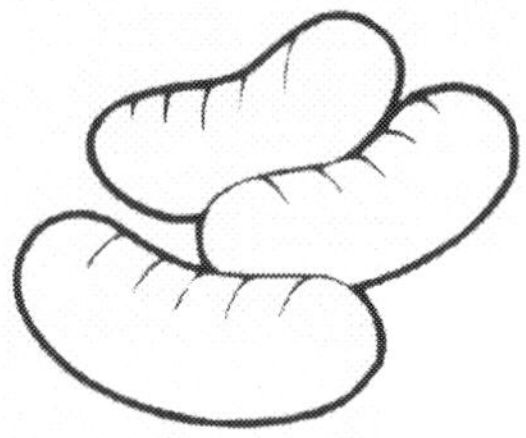

Zubereitungsdauer

5 Minuten

Zutaten für 2 Personen

2 geräucherte Würstchen | **200g** Reis | **1EL** Currypulver | **120g** Maiskörner | **4 Stäbchen** Surimi | **1 Prise** Salz und Pfeffer

---

Zubereitung

1. Die Surimi Stäbchen und Würstchen in kleine Würfel hacken und gemeinsam mit dem Reis, den Maiskörnern, 4 Gläser Wasser und dem Currypulver in einer Schüssel ordentlich durchmischen.
2. Das Ganze dann für 20 Minuten bei 800 Watt in der Mikrowelle garen.
3. Mit Salz und Pfeffer würzen und servieren.

Guten Appetit. :-)

Cassoulet

Zubereitungsdauer

5 Minuten

Zutaten für 2 Personen

2 grobe Bratwürste | **6** Zwieback | **1TL** Knoblauchgranulat |
1 kleine Dose weiße Bohnen in Tomaten | **1 Prise** Salz und Pfeffer

---

Zubereitung

1. Die sechs Zwieback Kekse werden zerbröselt und ¾ davon gemeinsam mit dem Knoblauchgranulat, den Bohnen und einem Glas Wasser in einer Backofen tauglichen Auflaufform vermischt.
2. Das Ganze nun mit Salz und Pfeffer würzen und die zwei Bratwürste hineinsetzen und mit dem restlichen ¼ des Zwiebacks bestreuen.
3. Jetzt für 40 Minuten bei 230°C im Backofen garen lassen.

Guten Appetit. :-)

Kamamellisierte Koteletts

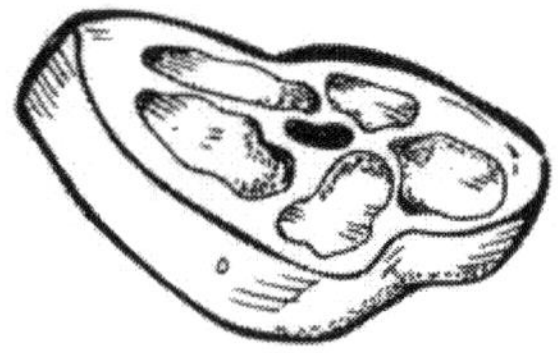

Zubereitungsdauer

5 Minuten

Zutaten für 2 Personen

2 Schweinekoteletts | **2EL** Zucker | **6EL** Sojasoße | **1EL** helle Sesamsamen | **1EL** Öl

Zubereitung

1. Koteletts ordentlich abwaschen, trocknen und in einer mit Öl befetteten Pfanne anbraten.
2. Den Zucker und die Sojasoße hinzufügen und bei geringer Hitze für 15 Minuten garen. Währenddessen immer mit dem Bratsaft übergießen.
3. Zum Schluss mit den Sesamsamen bestreuen und je nach Belieben mit Reis oder Nudeln servieren.

Guten Appetit. :-)

Schinken Calzone

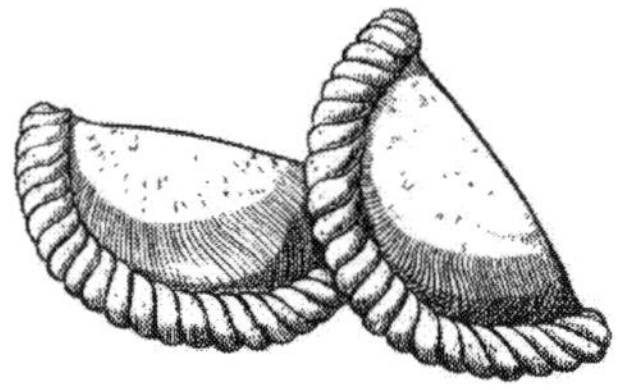

Zubereitungsdauer

15 Minuten

Zutaten für 1 Person

1 Pizzateig aus dem Kühlregal | **2 Scheiben** gekochter Schinken | **1TL** getrockneter Oregano | **3** Champignons | **3 Handvoll** geriebener Käse | **1 Prise** Salz und Pfeffer

---

Zubereitung

1. Als erstes wird der Pizzateig auf einem mit Backpapier ausgelegtem Backblech ausgerollt.
2. Dann die Champignons waschen und in feine Scheibchen schneiden.
3. Auf den Pizzateig kommt nun der Schinken, das Oregano, die Pilzscheiben und der Käse. Das klappen wir dann mittig ineinander zusammen und drücken die Ränder mit einer Gabel fest zusammen.
4. Anschließend für 20 Minuten bei 230°C Ober- und Unterhitze backen.
5. Herausnehmen und je nach Belieben mit Salat servieren.

Guten Appetit. :-)

Schinken Crêpes

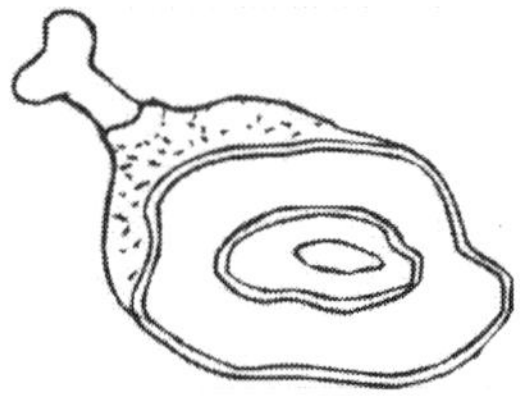

Zubereitungsdauer

5 Minuten

Zutaten für 2 Personen

2 Scheiben gekochter Schinken | **100ml** Sahne | **2** Buchweizen Crepes | **2EL** Senf | **2 Handvoll** geriebener Käse | **1 Prise** Salz und Pfeffer

---

Zubereitung

1. Die zwei Crêpes mit dem Senf bestreichen und mit 1 Handvoll geriebenem Käse und dem gewürfelten Schinken darauf verteilen.
2. Die Crêpes nun ordentlich aufrollen, in 2-3cm lange Stücke schneiden und nebeneinander in eine Auflaufform legen.
3. Anschließend die Sahne darüber gießen, mit dem restlichen Käse bestreuen und mit einer Prise Salz und Pfeffer würzen.
4. Das Ganze für 15 Minuten bei 230°C Ober- und Unterhitze im Backofen backen.
5. Herausnehmen und mit einem Salat servieren.

Guten Appetit. :-)

Cheesy Würstchen Crêpes

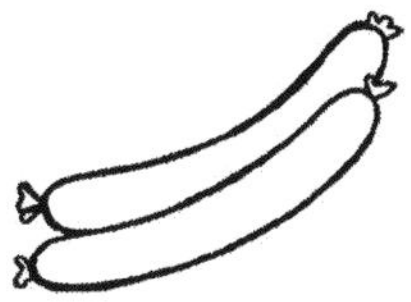

Zubereitungsdauer

5 Minuten

Zutaten für 1 Person

2 große Bratwürste | **2** Buchweizen Crêpes | **100ml** Sahne | **2 Scheiben** Blauschimmelkäse (ca. 80g)

Zubereitung

1. Die Crêpes werden in der Mitte halbiert und jede Wurst mit zwei Hälften umwickelt.
2. Anschließend beide Wurst-Crêpes in die Auflaufform platzieren, den Käse und die Sahne darüber geben und für 30 Minuten bei 230°C Ober- und Unterhitze im Backofen garen lassen.
3. Herausnehmen und mit einem Salat servieren.

Guten Appetit. :-)

Chinesischer Schinken Reis

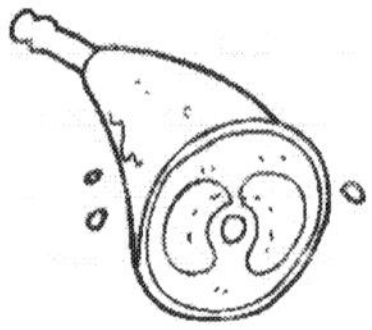

Zubereitungsdauer

5 Minuten

Zutaten für 2 Personen

2 Gläser Reis | **2 Scheiben** gekochter Schinken | **2** Eier |
1 Glas Erbsen (tiefgekühlt) | **1 Prise** Salz und Pfeffer

Zubereitung

1. Der Schinken wird in Würfel geschnitten und mit den Erbsen, dem Reis und 4 Gläsern Wasser in eine mikrowellengeeignete Schüssel gegeben.
2. Das lassen wir nun für 20 Minuten bei 800 Watt garen und rühren es nach 10 Minuten nochmal ordentlich durch, damit es auch gleichmäßig gar wird.
3. Herausnehmen und dann die zwei Eier unterrühren. Anschließend erneut für 2 Minuten garen lassen.
4. Herausnehmen, mit Salz und Pfeffer würzen und servieren.

Guten Appetit. :-)

Pizza Chorizo Rolle

Zubereitungsdauer

5 Minuten

Zutaten für 1 Person

6 Scheiben Chorizo | **1** Pizzateig aus dem Kühlregal |
3 Handvoll geriebener Käse | **1** Tomate

Zubereitung

1. Als erstes rollen wir den Teig auf einem Backpapier auseinander.
2. Die Tomaten ordentlich waschen, in Scheiben schneiden und auf dem Teig verteilen.
3. Die Chorizo Scheiben in zwei Hälften schneiden, so dass am Ende 12 Stücke vorhanden sind. Diese ebenfalls auf dem Teig verteilen und ¾ des geriebenen Käses darüber streuen.
4. Das Ganze für 25 Minuten bei 230°C Ober- und Unterhitze im Backofen backen und je nach Belieben mit Salat oder sonstigem servieren.

Guten Appetit. :-)

Cheesy Hotdog

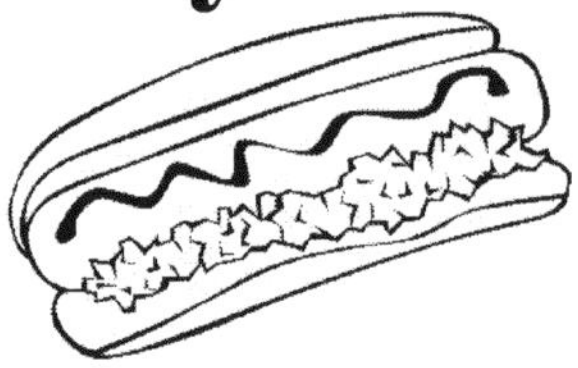

Zubereitungsdauer

5 Minuten

Zutaten für 2 Personen

¼ Baguette | **2** Frankfurter Würstchen | **2 Handvoll** geriebener Käse | **100ml** Sahne | **1EL** Senf

---

Zubereitung

1. Als erstes wird das Baguette quer halbiert und wie ein Hotdog eine Öffnung für die Würstchen eingeschnitten.
2. Das Baguette mit dem Senf bestreichen.
3. Die Sahne mit dem Käse vermengen und die Hälfte von der Mischung in die Baguettes geben.
4. Nun platzieren wir die Würstchen in die Baguettes und bedecken sie mit der übrig gebliebenen Käse-Sahne Mischung.
5. Das Ganze für 20 Minuten bei 230°C im Backofen backen.

Guten Appetit. :-)

Bockwurst Pommes Auflauf

Zubereitungsdauer

5 Minuten

Zutaten für 2 Personen

2 Handvoll tiefgekühlte Backofen Pommes | **4** Bockwürstchen | **jeweils 1EL** Ketchup und Kräuter der Provence | **1 Handvoll** geriebener Käse | **1 Prise** Salz und Pfeffer

---

Zubereitung

1. Als erstes werden die vier Würstchen in kleine Stücke geschnitten und gemeinsam mit den Pommes in eine Auflaufform gegeben.
2. Anschließend die Pommes und die Würstchen mit dem Käse und den Kräutern bestreuen und ordentlich mit Salz und Pfeffer würzen.
3. Den Auflauf für 25 Minuten bei 230°C bei Ober- und Unterhitze in den Backofen geben und garen lassen.
4. Herausnehmen und mit Ketchup oder einer anderen Soße servieren.

Guten Appetit. :-)

Speckige Zucchinihälften

Zubereitungsdauer

5 Minuten

Zutaten für 1 Person

1 große Zucchini | **1 Handvoll** geriebener Käse | **4EL** Speckwürfel | 1 Prise Pfeffer

---

Zubereitung

1. Zucchini ordentlich waschen und in zwei Hälften schneiden. Anschließend das Fleisch der Zucchini aushöhlen und kleinhacken.
2. Dieses vermengen wir nun mit dem Speck und dem Käse und füllen sie in die ausgehöhlten Zucchinihälften hinein.
3. Beide Zucchinihälften werden nun gemeinsam mit 4EL Wasser in eine Auflaufform gesetzt und für 35 Minuten bei 230°C Ober- und Unterhitze im Backofen gegart.
4. Herausnehmen, mit Pfeffer würzen und servieren.

Guten Appetit. :-)

Merguez Würstchen

Zubereitungsdauer

5 Minuten

Zutaten für 1 Person

1 Aubergine | **1** Tomate | **2** Merguez Würstchen | **1EL** geriebener Parmesan

---

Zubereitung

1. Die Aubergine ordentlich waschen, dann längs in zwei Hälften schneiden und jeweils beide Seiten aushöhlen.
2. Die Würstchen kleinwürfeln und gemeinsam mit der Tomate und dem Auberginenfleisch miteinander vermengen.
3. Die Auberginenhälften werden nun mit dem Gemisch befüllt und gemeinsam mit einem Glas Wasser nebeneinander in eine Auflaufform gegeben.
4. Das Ganze anschließend mit dem Parmesan bestreuen und für 40 Minuten bei 230°C Ober- und Unterhitze im Backofen garen.

Guten Appetit. :-)

Thunfisch Röllchen

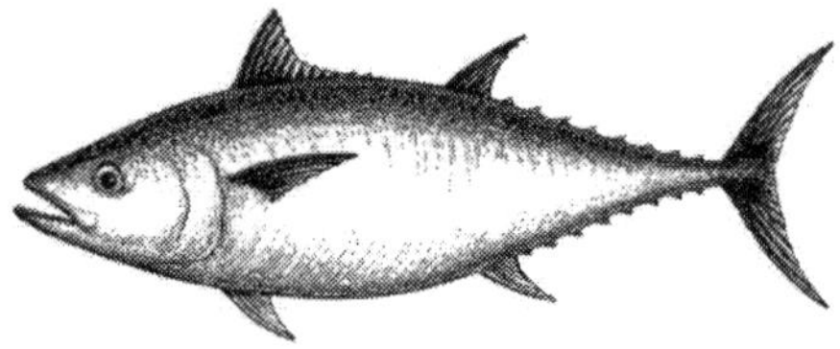

Zubereitungsdauer
10 Minuten

Zutaten für 1 Person
130g Thunfisch (im eigenen Saft) | **4 Stiele** Koriander |
3 Handvoll Babyblattspinat Blätter | **1EL** Mayonnaise |
3 Reispapierblätter (20cm Durchmesser | **1 Prise** Salz und Pfeffer

---

Zubereitung
1. Als erstes wird der Thunfischsaft abgegossen, zerkleinert und mit der Mayonnaise vermengt.
2. Anschließend mit Salz und Pfeffer würzen.
3. Die Korianderstiele und Spinatblätter ordentlich waschen, trocken tupfen und per Hand zerpflücken.
4. Nun werden die Reispapierblättchen in Wasser eingeweicht und auf die Arbeitsfläche gelegt.
5. Darauf kommen nun die Spinatblätter, der Thunfisch und der Koriander.
6. Fest aufrollen und mit einer Schere quer halbieren.

Guten Appetit. :-)

Lachsige Potatoes

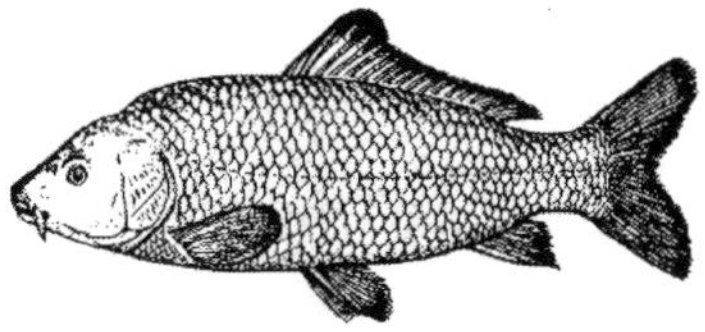

Zubereitungsdauer

5 Minuten

Zutaten für 1 Person

1 Kartoffel | **2EL** Räucherlachs (gewürfelt) | **4** Minzblätter | **200g** griechischer Joghurt | **1 Prise** Salz und Pfeffer

---

Zubereitung

1. Die Kartoffel wird samt Schale ordentlich unter Wasser gehalten und gewaschen.
2. Anschließend in einer Schale mit Frischhaltefolie abgedeckt und für 10 Minuten bei 800 Watt in der Mikrowelle gegart.
3. Minzblätter abwaschen und fein hacken. Diese dann mit dem Lachs und Joghurt vermengen und mit Salz und Pfeffer würzen.
4. Die Kartoffeln nun in heißem Zustand in der Mitte aufschneiden und mit der Füllung befüllen.

Guten Appetit. :-)

Mikrowellen Tintenfisch

Zubereitungsdauer

10 Minuten

Zutaten für 2 Personen

2x Tintenfisch (mit Tinte) | **1TL** Knoblauchgranulat | **1TL** getrockneter Oregano | **2 Gläser** Reis | **1 Prise** Salz und Pfeffer | **etwas** Olivenöl

---

Zubereitung

1. Als erstes wird der Tintenfisch aufgetaut und dann ordentlich gewaschen, trocken getupft und in feine Stücke geschnitten.
2. Jetzt den Tintenfisch samt Tinte gemeinsam mit dem Oregano, Knoblauch, Reis und 4 Gläsern Wasser in einer Schüssel vermischen und es für 20 Minuten bei 800 Watt garen lassen.
3. Zu guter Letzt mit Salz und Pfeffer würzen und dem Olivenöl beträufeln.

Guten Appetit. :-)

Tagliatelle

Zubereitungsdauer

20 Minuten

Zutaten für 2 Personen

250g Tagliatelle | **100ml** Kochsahne | **100ml** Weißwein | **½ Kopf** Radicchio | **1** Birne | **50g** Gorgonzola | **2EL** gehackte Walnusskerne | **1TL** Butter | **1EL** Thymianblättchen | **1 Prise** Salz und Pfeffer

---

Zubereitung

1. Die Tagliatelle nach Packungsanweisung bissfest garen, bis auf 5EL das Nudelwassers abgießen und es erstmal beiseitestellen.
2. Radicchio in dünne Scheiben schneiden. Die Birne vierteln, entkernen und kleinwürfeln.
3. Birnenwürfel in einer mit Butter befetteten Pfanne kurz anbraten, mit Weißwein ablöschen, Gorgonzola Käse und Kochsahne hinzufügen und den Käse unter ständigem Rühren bei mittlerer Temperatur zum Schmelzen bringen.
4. Tagliatelle, Radicchio, Walnusskerne und Thymianblättchen unterrühren und bei Bedarf das Nudelwasser hinzugeben.
5. Mit Salz und Pfeffer würzen, noch einmal kurz erhitzen und servieren.

Guten Appetit. :-)

Zitronen Farfalle

Zubereitungsdauer

20 Minuten

Zutaten für 2 Personen

250g Farfalle | **100g** Creme fraiche | **1** Zwiebel | **6 Blätter** Mangold | **½ Bio** Zitrone | **3EL** geriebener Parmesan | **1 Prise** Salz und Pfeffer

---

Zubereitung

1. Die Farfalle nach Packungsanweisung bissfest garen, bis auf 5EL das Nudelwassers abgießen und es erstmal beiseitestellen.
2. Die Zwiebel in dünne Ringe und die Mangoldblätter in feine Streifen schneiden. Anschließend beides in einer öligen Pfanne bei mittlerer Temperatur für 3 Minuten anbraten.
3. Die Creme fraiche mit dem Zitronenschalen Abrieb und der Hälfte des Parmesans vermengen und mit in die Pfanne geben.
4. Die Farfalle und das Nudelwasser unterrühren, mit Salz und Pfeffer würzen, nochmal erhitzen und auf den Tellern verteilen.
5. Zu guter Letzt mit dem restlichen Parmesan bestreuen.

Guten Appetit. :-)

Bucatini

Zubereitungsdauer

25 Minuten

Zutaten für 2 Personen

250g Bucatini | **250g** Kirschtomaten | **1EL** Olivenöl | **2** scharf gewürzte Bratwürste | ½ Chilischote | **2EL** Sonnenblumenöl | **1 Prise** Salz und Pfeffer

Zubereitung

1. Tomaten und Chilischote kleinhacken. Beides in einem öligen Topf kurz anbraten, mit 100ml Wasser aufgießen und für weitere 10 Minuten bei mittlerer Temperatur köcheln lassen. Anschließend mit Salz und Pfeffer würzen.
2. Währenddessen die Bucatini Nudeln nach Packungsanweisung bissfest garen und abgießen.
3. Bratwurstenden abschneiden, Bratwurstbrät herausdrücken und zu kleinen Bällchen formen. Anschließend werden die Hackbällchen in einer öligen Pfanne bei mittlerer Temperatur rundherum angebraten.
4. Die Nudeln gemeinsam mit der Tomatensauce und den Hackbällchen servieren.

Guten Appetit. :-)

Spaghetti Carbonara

Zubereitungsdauer

20 Minuten

Zutaten für 2 Personen

250g Spaghetti | **2** Eigelb | **3EL** geriebener Parmesan | **3 Scheiben** Speck | **4** Thymian Zweige | **1 Prise** Salz und Pfeffer

---

Zubereitung

1. Spaghetti nach Packungsanweisung bissfest garen und abgießen. 8EL Nudelwasser behalten und beiseitestellen.
2. Den Käse und das Eigelb in einer Schale vermengen. Die Speckscheiben kleinwürfeln und das Ganze in einer öligen Pfanne bei mittlerer Temperatur für 2 Minuten anbraten. Anschließend die Nudeln unterrühren, erhitzen und vom Herd nehmen.
3. Parmesan-Eigelb Mischung gemeinsam mit dem Nudelwasser auf die Spaghetti gießen und gut miteinander vermengen.
4. Das Ganze mit Salz und Pfeffer würzen, auf die Teller verteilen und mit den abgezupften Thymianblättchen servieren.

Guten Appetit. :-)

Kürbis Cannelloni

Zubereitungsdauer

20 Minuten

Zutaten für 2 Personen

100g Kochsahne | **80g** Schafskäse | **200g** passierte Tomaten | ½ Hokkaido Kürbis | **1** Chilischote | **1** Zwiebel | **1EL** Butter | **12** Cannelloni | **5 Zweige** Thymian | **1 Prise** Salz und Pfeffer

---

Zubereitung

1. Backofen auf 180°C Ober- und Unterhitze vorheizen.
2. Die Kochsahne mit den passierten Tomaten in einer Schale vermengen und mit Salz und Pfeffer würzen.
3. Kürbis entkernen und den Abrieb der Schale in eine Pfanne raspeln.
4. Zwiebel kleinwürfeln und die Chilischote kleinhacken. Beides gemeinsam mit der Butter zum Kürbis in die Pfanne geben.
5. Das Gemüse in der Pfanne erhitzen und mit Salz und Pfeffer würzen.
6. Die Cannelloni Nudeln mit dem Kürbisgemüse befüllen und in eine Auflaufform legen. Anschließend die Tomatensauce darüber geben und mit den abgezupften Thymianblättchen und dem Schafskäse bestreuen.
7. Das Ganze für 35 Minuten in der mittleren Schiene im Backofen backen.
8. Herausnehmen und sofort heiß servieren.

Guten Appetit. :-)

Käsemakkaroni Basisrezept

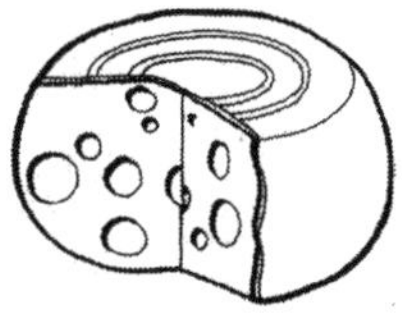

Zubereitungsdauer

20 Minuten

Zutaten für 2 Personen

250g Makkaroni | **5EL** Milch | **1** Ei | **4EL** geriebener Bergkäse | **100g** Kochschinken | **1TL** Butter | **1 Prise** Salz und Pfeffer

---

Zubereitung

1. Makkaroni Nudeln nach Packungsanweisung bissfest garen und abgießen.
2. Anschließend Milch, Käse und das Ei in einer Schale vermengen.
3. Kochschinken kleinwürfeln und in einer mit Butter befetteten Pfanne für 2 Minuten anbraten.
4. Die Käse-Ei Mischung mit den Makkaroni in die Pfanne geben und bei mittlerer Temperatur das Ganze so lange rühren bis der Käse geschmolzen ist.
5. Zu guter Letzt mit Salz und Pfeffer würzen und servieren.

Guten Appetit. :-)

Schinkennudeln Baked

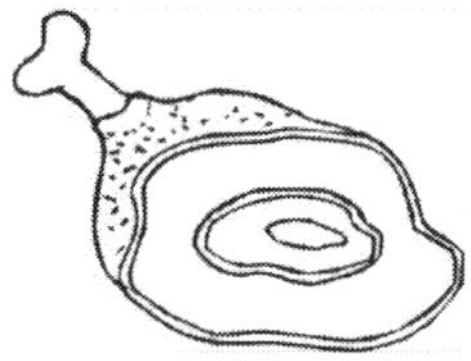

Zubereitungsdauer

20 Minuten

Zutaten für 2 Personen

1 Käsemakkaroni Basisrezept | **2 Scheiben** Weißbrot |
1 Handvoll Petersilienblättchen | **3EL** geriebener Bergkäse

---

Zubereitung

1. Backofen auf 200°C Ober- und Unterhitze vorheizen.
2. Anschließend die Käsemakkaroni wie aus dem Basisrezept zubereiten und in eine 15x25 cm Auflaufform geben.
3. Petersilienblätter kleinhacken, Weißbrot zerbröseln und gemeinsam mit dem ebenfalls zerbröselten Bergkäse in eine Schüssel geben und vermengen.
4. Das Ganze über die Käsemakkaroni verstreuen und für 20 Minuten auf der mittleren Schiene im Backofen backen.

Guten Appetit. :-)

Saltimbocca mit Bratkartoffeln Teil 1

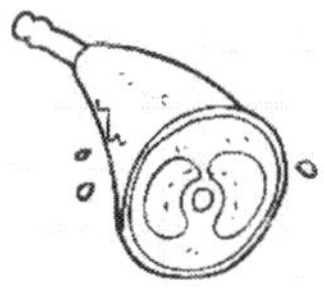

Zubereitungsdauer

25 Minuten

Bratkartoffel Zutaten für 2 Personen

6 Kartoffeln | **1** Zwiebel | **2EL** Sonnenblumenöl |
4 Zweige Thymian | **1 Prise** Salz und Pfeffer

Zubereitung

1. Die sechs Kartoffeln wie gewohnt kochen, schälen und in feine Scheiben schneiden. Anschließend in einer öligen Pfanne für 5 Minuten kurz anbraten.
2. Die Zwiebel kleinwürfeln, mit in die Pfanne geben und braten bis sie glasig sind.
3. Das Ganze mit Salz und Pfeffer würzen und mit den abgezupften Thymianblättchen bestreuen.

Guten Appetit. :-)

Saltimbocca mit Bratkartoffeln Teil2

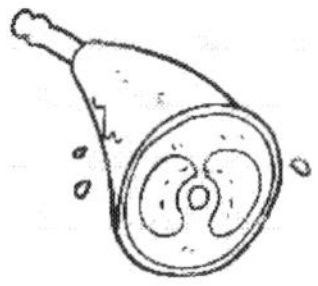

Zubereitungsdauer

25 Minuten

Saltimbocca Zutaten für 2 Personen

150ml Weißwein | **2** Putenschnitzel | **125g** Mozzarella | **2 Scheiben** Butter | **etwas** Mehl | **2EL** Sonnenblumenöl | **2 große Scheiben** Räucherschinken | **1 Prise** Salz und Pfeffer

---

Zubereitung

1. Die zwei Putenschnitzel längs halbieren, salzen und in einer öligen Pfanne rundherum anbraten. Anschließend mit dem Weißwein ablöschen und die Temperatur senken.
2. Schinkenscheiben halbieren, Mozzarella vierteln und auf die Saltimbocca jeweils eine Scheibe Schinken und eine Scheibe Mozzarella legen und mit Pfeffer würzen.
3. Die zwei Butterscheiben im Mehl wenden und in die Sauce geben.
4. Anschließend die Pfanne mit einem Deckel verschließen und 2-3 Minuten lang köcheln lassen, bis die Mozzarella geschmolzen ist.
5. Gemeinsam mit den Bratkartoffeln aus dem vorherigen Rezept servieren und genießen.

Guten Appetit. :-)

Spätzle Basisrezept

Zubereitungsdauer

35 Minuten

Zutaten für 2 Personen

250g Mehl | **3** Eier | **1 Prise** Salz und Pfeffer

Zubereitung

1. Das Mehl gemeinsam mit den Eiern, 6EL Wasser, etwas Salz und Pfeffer in eine Schüssel geben und ordentlich durchrühren bis der Teig zähflüssig ist.
2. Topf mit Wasser befüllen und es mit Salz zum Kochen bringen. Anschließend ein Schneidebrett befeuchten und die Hälfte des Teigs draufgeben. Mit einem Pfannenwender ohne Löcher glattstreichen und mit dem Wender dünne Teigstreifen in das Salzbad geben.
3. Spätzle sofort abschöpfen, wenn sie an der Wasseroberfläche sind.

Guten Appetit. :-)

Käse Spätzle

Zubereitungsdauer

35 Minuten

Zutaten für 2 Personen

1 Spätzle Basisrezept | **100g** geriebener Emmentaler | **6EL** Milch | **1** Zwiebel | **1TL** Mehl | **1EL** Sonnenblumenöl | **½ Bund** Schnittlauch | **1 Prise** Salz und Pfeffer

---

Zubereitung

1. Das Spätzle Basisrezept zubereiten.
2. Zwiebel in feine Ringe schneiden und mit dem Mehl bestreuen. Die Zwiebelringe in einer öligen Pfanne bei mittlerer Temperatur braten bis sie goldbraun sind. Anschließend aus der Pfanne nehmen und zur Seite stellen.
3. Käse, Milch und Spätzle in eine erwärmte Pfanne geben und 5 Minuten lang unter ständigem Rühren, bis der Käse Fäden zieht.
4. Anschließend den Schnittlauch in Ringe schneiden und gemeinsam mit den Röstzwiebeln, Salz und Pfeffer bestreuen und servieren.

Guten Appetit. :-)

Haselnuss Spätzle

Zubereitungsdauer

35 Minuten

Zutaten für 2 Personen

1 Spätzle Basisrezept | **50g** Gorgonzola | **5EL** Milch | **1EL** Sonnenblumenöl | **3EL** gemahlene Haselnusskerne | **3** Wirsingblätter | **6** Champignons | **3 Zweige** Thymian | **1 Prise** Salz und Pfeffer

---

Zubereitung

1. Das Spätzle Basisrezept zubereiten und dabei die Haselnusskerne in den Teig rühren.
2. Champignons kleinhacken, die Wirsingblätter in dünne Streifen schneiden und beides gemeinsam in einer öligen Pfanne für 3 Minuten braten.
3. Gorgonzolakäse und Milch hinzufügen und solange rühren bis der Käse geschmolzen ist.
4. Anschließend die Nuss Spätzle unterrühren, mit Salz und Pfeffer würzen und mit den abgezupften Thymianblättchen servieren und genießen.

   Guten Appetit. :-)

VEGANE & VEGETARISCHE GERICHTE

Mikrowellen Potatoes

Zubereitungsdauer

2 Minuten

Zutaten für 1 Person

4 mittelgroße Kartoffeln | **2 Gläser** Wasser

Zubereitung

1. Kartoffeln waschen, schälen und in kleine Würfel schneiden.
2. Kartoffelwürfel und Wasser in eine Schüssel geben.
3. Die Schüssel mit Frischhaltefolie verschließen und für 15 Minuten bei 800 Watt garen.
4. Je nach Belieben würzen und genießen.

Guten Appetit. :-)

Mikrowellen Grieß

Zubereitungsdauer

2 Minuten

Zutaten

2 Gläser feiner Grieß | **2 Gläser** Wasser

Zubereitung

1. Den feinen Grieß gemeinsam mit zwei Gläsern Wasser in eine Schüssel geben.
2. Das Ganze unbedeckt für 1 Minute bei 800 Watt in der Mikrowelle garen lassen.
3. Je nach Belieben würzen und genießen.

Guten Appetit. :-)

Mikrowellen Reis

Zubereitungsdauer

25 Minuten

Zutaten

2 Gläser Basmati Reis | **4 Gläser** Wasser

Zubereitung

1. Den Basmati Reis erstmal abwaschen, damit er am Ende nicht klebt.
2. Anschließend den Reis gemeinsam mit dem Wasser in eine große Schüssel geben.
3. Das Ganze dann für 20 Minuten bei 800 Watt in der Mikrowelle garen lassen.

Guten Appetit. :-)

Mikrowellen Nudeln aller Art

Zubereitungsdauer

15 Minuten

Zutaten

5 Gläser Penne | **6 Gläser** Wasser

Zubereitung

1. Die Nudeln und das kalte Wasser in eine Schüssel geben.
2. Das Ganze für 15 Minuten bei 800 Watt in der Mikrowelle garen.
3. Anschließend werden die Nudeln abgegossen.
4. Je nach Belieben würzen und genießen.

Guten Appetit. :-)

Chips zum Selbermachen

Zubereitungsdauer

5 Minuten

Zutaten

1 große Kartoffel | **1EL** neutrales Öl | **1 Prise** Salz und Paprikapulver

---

Zubereitung

1. Kartoffel abwaschen, trocknen, schälen und in sehr dünne Scheiben schneiden.
2. Anschließend schön ordentlich mit dem Öl durchmischen.
3. Nun einen mikrowellentüchtigen Teller mit Backpapier auslegen und unsere Kartoffelscheibchen darauf verteilen, ohne dass sie sich überlappen.
4. Das Ganze wird nun für 30-60 Sekunden bei 800 Watt in der Mikrowelle gegart.
5. Herausnehmen, würzen und genießen.

Guten Appetit. :-)

Gefüllte Tomaten

Zubereitungsdauer

5 Minuten

Zutaten

2 Fleischtomaten | **200g** griechischer Joghurt (10% Fett) |
1/8 einer Gurke | **10** Minzblätter oder **1EL** getrocknete Minze |
1 Prise Salz und Pfeffer

Zubereitung

1. Als erstes die Gurke waschen, halbieren, entkernen und in kleine Würfel hacken.
2. Minzblätter waschen, trocken tupfen und ordentlich kleinhacken.
3. Nun die Gurke und Minze mit dem griechischen Joghurt verrühren und mit einer Prise Salz und Pfeffer würzen.
4. Tomaten ordentlich waschen und den Deckel abschneiden.
5. Anschließend aushöhlen und mit unserer Gurkenmischung befüllen.
6. Zu guter Letzt für mindestens eine Stunde im Kühlregal kühlen lassen und servieren.

Guten Appetit. :-)

Gemüsecurry

Zubereitungsdauer

5 Minuten

Zutaten für 2 Personen

¼ Blumenkohl | **2 Gläser** Tiefgekühlte Erbsen | **10x** Radieschen | **1EL** Currypulver | **200ml** Kokosmilch

---

Zubereitung

1. Blumenkohl und Radieschen ordentlich waschen und in feine Stücke schneiden.
2. Anschließend in einer Schüssel gemeinsam mit dem Currypulver, der Kokosmilch und den Erbsen vermengen.
3. Das Ganze nun für 10 Minuten bei 800 Watt garen.
4. Herausnehmen, mit Reis servieren und genießen.

Guten Appetit. :-)

Honigmelonen Salat

Zubereitungsdauer

5 Minuten

Zutaten für 2 Personen

1 Honigmelone | **2EL** Sesamsamen | **2 Dosen** Palmenherzen | **2TL** Sesamöl | **2 Stiele** Koriander | **1 Prise** Salz und Pfeffer

---

Zubereitung

1. Die Melone in zwei Hälften schneiden, Fruchtfleisch aushöhlen und kleinschneiden.
2. Die Palmenherzen werden in Streifen geschnitten.
3. Die Korianderstiele werden ordentlich gewaschen, getrocknet und klein gezupft.
4. Nun die Melonenstücke, Palmenherzen, Sesamöl und Koriander miteinander vermengen und ein wenig mit Salz und Pfeffer würzen.
5. In die Melonenhälfte geben und mit den Sesamsamen verfeinern.

Guten Appetit. :-)

Kartoffel Lasagne

Zubereitungsdauer

10 Minuten

Zutaten für 2 Personen

2 große Kartoffeln | **4EL** geriebener Parmesan |
4 Gläser stückige Tomaten | **200g** Rinderhackfleisch | **1 Prise** Salz und Pfeffer

---

Zubereitung

1. Kartoffeln ganz gewohnt schälen, in dünne Scheiben schneiden und in eine Mini-Ofen geeignete Auflaufform platzieren.
2. Anschließend wird das Hackfleisch darüber gekrümelt.
3. Parmesan und Tomatenstücke darauf verteilen und mit Salz und Pfeffer würzen.
4. Das Ganze für 45 Minuten bei 230°C Ober- und Unterhitze backen.
5. Herausnehmen und servieren.

Guten Appetit. :-)

Surimi Gurken Röllchen

Zubereitungsdauer

10 Minuten

Zutaten für 2 Personen

4 Reispapierblätter (20cm Durchmesser) | **4 Handvoll** Rucola | ¼ Gurke | **12** Stäbchen Surimi | **20** Minzblätter

---

Zubereitung

1. Gurke ordentlich abwaschen und in feine Stifte schneiden.
2. Die Minze- und Rucola Blätter werden ebenfalls gewaschen, trocken getupft und grob zerpflückt.
3. Die Reispapierblätter mit Wasser einweichen und sie auf eine flache Fläche legen.
4. Die Rucola- und Minze Blätter, Gurkenstifte und Surimi auf die Reisblätter legen und fest aufrollen.
5. Anschließend je nach Belieben in Stücke schneiden und genießen.

Guten Appetit. :-)

Watermelon Taboulé

Zubereitungsdauer

10 Minuten

Zutaten für 3 Personen

1 Glas feiner Grieß | **1** Wassermelone | **3EL** Olivenöl
8 Radieschen | **20** Basilikumblätter | **1 Prise** Salz und Pfeffer

---

Zubereitung

1. Als erstes den Grieß mit einem Glas Wasser vermengen und für 1 Minuten bei 800 Watt in der Mikrowelle garen. Anschließend herausnehmen und kühlen lassen.
2. Die Wassermelone aushöhlen und das Fleisch in kleine Würfel schneiden.
3. Die Radieschen werden gewaschen und in feine Scheiben geschnitten.
4. Anschließend mit den Basilikumblättern und dem Öl in den Grieß hineinmischen.
5. Mit Salz und Pfeffer würzen und servieren.

Guten Appetit. :-)

Auberginensalat

Zubereitungsdauer

5 Minuten

Zutaten für 1 Person

2 Tomaten | **1** Aubergine | **1EL** getrockneter Oregano | **100g** Fetakäse | **2EL** Olivenöl | **1 Prise** Salz und Pfeffer

Zubereitung

1. Aubergine ordentlich waschen und in kleine Würfel schneiden.
2. Die Auberginenwürfel dann in einer Schüssel mit Frischhaltefolie abgedeckt für 10 Minuten bei 800 Watt garen, herausnehmen und eine Runde kühlen lassen.
3. Nun die Tomaten abwaschen und kleinwürfeln, Fetakäse zerbröseln und beides mit den Auberginenwürfel, dem Oregano und Olivenöl vermengen.
4. Mit Salz und Pfeffer würzen und servieren.

Guten Appetit. :-)

Ratatouille Paprika

Zubereitungsdauer

5 Minuten

Zutaten für 1 Person

1 rote Paprikaschote | **1 Kugel** Mozzarella | **1TL** Kräuter der Provence | **4EL** Ratatouille | **1 Prise** Salz und Pfeffer

---

Zubereitung

1. Die Paprika längs halbieren, waschen und von den Kernen entfernen.
2. Anschließend die Mozzarellakugel würfeln und gemeinsam mit dem Ratatouille und den Kräutern der Provence, Salz und dem Pfeffer würzen.
3. Die Paprikahälften werden mit der Mischung befüllt und in eine Mini-Ofen geeignete Auflaufform gemeinsam mit 4EL Wasser gegeben.
4. Das Ganze nun für 30 Minuten bei 230°C Ober- und Unterhitze im Backofen backen.
5. Herausnehmen, servieren und genießen.

Guten Appetit. :-)

Veggie Baguette

Zubereitungsdauer

5 Minuten

Zutaten für 1 Person

Ein Viertel Baguette | **1** Tomate | **4 Scheiben** Raclettekäse | **Halbe** Zucchini | **1TL** Kräuter der Provence

---

Zubereitung

1. Die Tomate und Zucchini ordentlich waschen und dann in feine Scheibchen schneiden.
2. Baguette quer halbieren, also quasi öffnen und beide Hälften abwechselnd mit den Gemüsescheiben belegen.
3. Hinzu kommen noch die Raclettekäse Scheiben und die Kräuter der Provence.
4. Beide Baguette Hälften nun für 20 Minuten bei 230°C bei Ober- und Unterhitze backen.
5. Herausnehmen, servieren und genießen.

Guten Appetit. :-)

Veggie Pizza Scheibe

Zubereitungsdauer

5 Minuten

Zutaten für 2 Personen

2 Scheiben Bauernbrot | **1** Tomate | **1 Kugel** Mozzarella | **6** Basilikumblätter | **1 Prise** Salz und Pfeffer

---

Zubereitung

1. Als erstes wird die Mozzarella in Scheiben geschnitten.
2. Tomate waschen und in feine Scheiben schneiden.
3. Basilikumblätter ebenfalls waschen und anschließend trocken tupfen.
4. Nun werden die Mozzarella und Tomatenscheiben gemeinsam mit dem Basilikum auf den Brotscheiben beschichtet und mit Salz und Pfeffer gewürzt.
5. Beide Brote werden nun für 15 Minuten bei 230°C Ober- und Unterhitze im Backofen gebacken.
6. Herausnehmen, servieren und genießen.

Guten Appetit. :-)

Überbackene Potato Wedges

Zubereitungsdauer
5 Minuten

Zutaten für 2 Personen
4 Kartoffeln | **1EL** Paprikapulver | **1 Handvoll** geriebener Cheddar | **1 Prise** Salz und Pfeffer | **4EL** Olivenöl

---

Zubereitung
1. Kartoffeln ordentlich abwaschen und in grobe Pommes Scheiben hacken.
2. Diese dann mit dem Öl und dem Paprikapulver vermischen und mit Salz und Pfeffer würzen.
3. Das verteilen wir dann auf einem mit Backpapier ausgelegtem und mikrowellengeeigneten Teller drauf.
4. Das Ganze wird nun für 3 Minuten bei 800 Watt gegart.
5. Kurz herausnehmen, mit dem Cheddar bestreuen und für weitere 5 Minuten bei gleicher Temperatur weiter garen.
6. Herausnehmen, servieren und genießen.

Guten Appetit. :-)

Cheddar Makkaroni

Zubereitungsdauer

5 Minuten

Zutaten für 2 Personen

4 Gläser Makkaroni | **500ml** Milch | **2 Handvoll** geriebener Cheddar | **1 Prise** Salz und Pfeffer

---

Zubereitung

1. Die Milch und das Mehl gemeinsam miteinander in einer Schüssel verrühren.
2. Hinzu kommen nun die Makkaroni Nudeln und 1 Handvoll Cheddarkäse.
3. Salzen, pfeffern und komplett durchmischen.
4. Das Ganze für 10 Minuten bei 800 Watt in der Mikrowelle garen.
5. Herausnehmen, mit dem Käse bestreuen und für weitere 5 Minuten bei gleicher Temperatur weiter garen.
6. Erneut herausnehmen, servieren und genießen.

Guten Appetit. :-)

Parmesan Penne

Zubereitungsdauer

5 Minuten

Zutaten für 2 Personen

4 Gläser Penne | **200ml** Sahne | **80** Parmesanspäne |
1EL geschroteter Pfeffer | **1 Prise** Salz | etwas Olivenöl

Zubereitung

1. Die Nudeln ganz wie gewohnt in einem Salzbad bissfest garen. Anschließend abgießen und abtropfen lassen.
2. Die Nudeln gemeinsam mit der Sahne, 1EL Wasser, Pfeffer und Parmesanspäne für 5 Minuten bei starker Hitze unterrühren.
3. Zum Schluss etwas mit Olivenöl beträufeln und servieren.

Guten Appetit. :-)

Tortellini

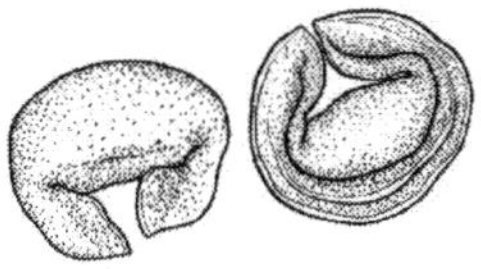

Zubereitungsdauer

10 Minuten

Zutaten für 1 Person

250g Spinat Ricotta Tortellini | **1EL** geriebener Parmesan | **25g** Butter | **2 Zweige** Rosmarin

---

Zubereitung

1. Rosmarinzweige waschen, trocknen und die Nadeln abzupfen.
2. Nun den Rosmarin gemeinsam mit den Tortellini, der Butter, ein Glas Wasser und dem geriebenen Parmesan in eine Pfanne geben und für 5 Minuten unter ständigem Rühren garen lassen.
3. Zum Schluss mit Salz und Pfeffer würzen und servieren.

Guten Appetit. :-)

Mini Pizzen aus Mexiko

Zubereitungsdauer

5 Minuten

Zutaten für 2 Personen

2 Tortilla Fladen aus Mais (ca. 15cm Durchmesser) | **2EL** pürierte Tomaten aus der Dose | **1 Handvoll** geriebener Cheddarkäse | **1 Kugel** Mozzarella | **2EL** Guacamole | **1 Prise** Salz und Pfeffer

---

Zubereitung

1. Die Tortilla Fladen werden auf ein mit Backpapier ausgelegtes Backblech gesetzt und mit den pürierten Tomaten bestrichen.
2. Anschließend schneiden wir die Mozzarellakugel in Scheiben und setzen sie gemeinsam mit der Guacamole auf die Fladen.
3. Daraufhin mit dem Cheddarkäse bestreuen und für 20 Minuten bei 230°C Ober- und Unterhitze im Backofen backen.
4. Herausnehmen und mit Salz und Pfeffer würzen.

Guten Appetit. :-)

Blätterteig Kartoffeln

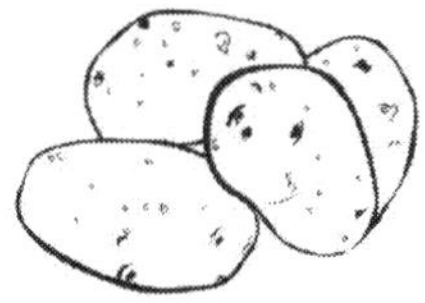

Zubereitungsdauer

10 Minuten

Zutaten für 2 Personen

4 mittelgroße Kartoffeln | **1 rechteckiger** Blätterteig aus dem Kühlregal | **2** Eier | **1EL** Kräuter der Provence | **1 Prise** Salz und Pfeffer

---

Zubereitung

1. Der Blätterteig wird als erstes gemeinsam mit Backpapier in eine Auflaufform platziert.
2. Kartoffeln schälen, in feine Scheiben schneiden und anschließend auf dem Blätterteig verteilen.
3. Als nächstes werden die Eier mit den Kräutern vermengt und über die Kartoffelscheiben gegossen.
4. Alles ordentlich salzen, pfeffern und den Teigrand Richtung Mitte zuklappen.
5. Das Ganze für 45 Minuten bei 230°C Ober- und Unterhitze im Backofen backen.

Guten Appetit. :-)

Veganer Tofuwrap

Zubereitungsdauer

35 Minuten

Zutaten für 4 Personen

Jeweils 1 Brokkoli, rote Paprika, Karotte und Zwiebel | **4** Knoblauchzehen | **2TL** getrockneter Oregano | **1EL** Olivenöl | **2EL** Sojasauce | **1TL** Chilipulver | Saft einer halben Zitrone | **4** Tortillawraps | **1 Stück** fester Tofu | Optional: Tabasco

---

Zubereitung

1. Erstmal alle Gemüsesorten kleinschneiden.
2. In einer öligen Pfanne bei mittlerer Hitzestufe die Zwiebel anbraten und dann die restlichen Gemüsesorten mit hineingeben.
3. Jetzt den ausgedrückten Tofu in kleine Würfel schneiden und in die Pfanne geben.
4. Das Ganze mit der Sojasauce und den Gewürzen verfeinern und 5 Minuten braten lassen.
5. Den Tofu-Gemüsemix in einen Wrap einrollen und fertig ist der Tofuwrap.

Guten Appetit. :-)

Würziger Couscous aus Marokko

Zubereitungsdauer

20 Minuten

Zutaten für 2 Personen

300g Couscous | **jeweils 1TL** Kreuzkümmel, Salz und Paprikapulver | **½ TL** Zimt | **350ml** kochendes Wasser | **2TL** Reisessig | **200g** frischer Babyspinat | **2EL** Olivenöl

---

Zubereitung

1. Couscous mit geschlossenem Deckel für 8-10 Minuten im kochenden Wasser ziehen lassen.
2. Anschließend mit den jeweiligen Gewürzen verfeinern.
3. Olivenöl und Reisessig mit hinzugeben und ordentlich durchrühren.
4. Zum Schluss den Babyspinat unterrühren und bei Raumtemperatur servieren.

Guten Appetit. :-)

Karotten Tempeh Sandwiches

Zubereitungsdauer

25 Minuten

Zutaten für 2 Personen

250g Tempeh | **250ml** Gemüsebrühe | **50ml** Sojasauce | **2** Karotten | **2-3TL** Ahornsirup | **1TL** Olivenöl | **4** dicke Knoblauchzehen Scheiben | **1TL** Kreuzkümmelpulver | **einige** Salatblätter, Tomaten, rote Zwiebel, Senf und Avocado | **8 Scheiben** Vollkornbrot

---

Zubereitung

1. Die zwei Karotten und den Tempeh in 2cm lange Stifte schneiden.
2. Sojasauce, Ahornsirup, Gemüsebrühe, Knoblauchzehen und Kreuzkümmelpulver in einer Pfanne köcheln lassen für ca. 30-60 Sekunden die Karotten und Tempeh Stifte darin tunken und schwenken.
3. Die Pfanne mit Alufolie bedecken und für 5-8 Stunden im Kühlschrank ziehen und marinieren lassen.
4. Anschließend die Marinade aus der Pfanne nehmen und die Karotten und das Tempeh bei mittlerer Stufe für 2-3 Minuten je Seite goldbraun anbraten.
5. Das Vollkornbrot nun mit Tomatenscheiben, Zwiebeln, Salatblättern, Senf und Avocado belegen und es mit dem marinierten Karotten Tempehmix abrunden.

Guten Appetit. :-)

Süßkartoffel Fritten

Zubereitungsdauer

20 Minuten

Zutaten für 3 Personen

1kg Süßkartoffeln | **3EL** Olivenöl **| jeweils 1 Prise** Salz, Pfeffer, Paprikapulver und Knoblauchpulver

---

Zubereitung

1. Gewaschene Süßkartoffeln schälen und in feine Fritten schneiden.
2. Die Fritten auf einem mit Backpapier ausgelegtem Backblech verteilen und mit 3EL Olivenöl verfeinern.
3. Ofen auf 180°C Umluft vorheizen und die Süßkartoffel Fritten für gute 20 Minuten darin garen lassen.
4. Zum Schluss die Fritten im heißten Zustand mit den jeweiligen Gewürzen würzen und fertig sind die veganen Fritten.

Guten Appetit. :-)

Vegane Tofu Nuggets

Zubereitungsdauer

20 Minuten

Zutaten für 2 Personen

200g fester Tofu | **jeweils 1EL** Mehl und Hefeflocken | **2EL** Sojasauce | **jeweils 1TL** Curry- und Paprikapulver | **1 Prise** Salz und Pfeffer | **3EL** Wasser | **Optional**: Semmelbrösel

---

Zubereitung

1. Tofu in 2cm dicke Würfel hacken und mit der Sojasauce für ca. 15 Minuten marinieren lassen.
2. Jetzt mischen wir in einer Schüssel Hefeflocken, Mehl, Curry- und Paprikapulver, Salz und Pfeffer miteinander. Wasser hinzugeben und durchrühren bis eine cremige Masse entstanden ist.
3. Semmelbrösel auf einen Teller streuen.
4. Jetzt tunken wir die Tofuwürfel in die Mehlmischung und wenden sie in den Semmelbröseln.
5. Anschließend die Tofuwürfel in einem öligen Topf bei heißer Stufe goldbraun anbraten.

Guten Appetit. :-)

Croutons

Zubereitungsdauer

25 Minuten

Zutaten

Helles Brot (Menge nach Wahl) | **jeweils 1TL** Thymian und Knoblauchpulver | **1EL** Zitronensaft | **3EL** Olivenöl | **jeweils ½ TL** Salz und Paprikapulver

---

Zubereitung

1. Ofen auf 180°C vorheizen und das Brot in 1x1cm große Würfel schneiden.
2. Jetzt eine Schüssel mit den Brotwürfeln belegen, mit den jeweiligen Gewürzen aus der Liste würzen und ordentlich durchmischen.
3. Die Brotwürfel werden nun auf einem mit Backpapier ausgelegtem Backblech verteilt und mit dem Olivenöl beträufelt.
4. Das lassen wir nun für gute 20 Minuten backen, hin und wieder wenden, damit die Brotwürfel gleichmäßig gebräunt werden.

Guten Appetit. :-)

Chili Linsen

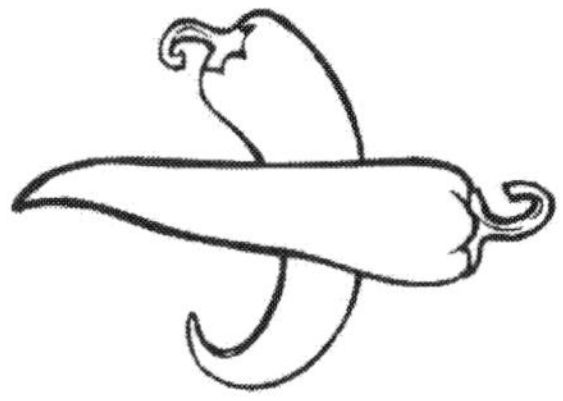

Zubereitungsdauer

20 Minuten

Zutaten für 4 Personen

Jeweils 300g rote Linsen, grüne Bohnen und Zuckermais | **400g** passierte Tomaten | **2TL** Gemüsebrühe | **jeweils 2** Zwiebeln, rote Paprika und Knoblauchzehen | **2EL** Mandelmus | **2 Prisen** Chilipulver und Pfeffer

---

Zubereitung

1. 500ml Wasser aufkochen und mit der Gemüsebrühe verrühren.
2. Linsen hineingeben und zum Kochen bringen.
3. Währenddessen die Paprika entkernen und in feine Würfel hacken. Die geschälte Zwiebel und Knoblauchzehen in dünne Scheiben schneiden.
4. In einem öligen Topf die Zwiebeln und Knoblauchzehen anbraten und anschließend die Bohnen, Paprikawürfel und Tomaten hinzugeben.
5. Das Ganze mit den Gewürzen verfeinern und abschmecken.
6. Zum Schluss Mandelmus, Linsen und Zuckermais hinzufügen und gut köcheln lassen.

Guten Appetit. :-)

Reisnudelsalat aus Vietnam

Zubereitungsdauer

20 Minuten

Zutaten für 2 Personen

200g Reisnudeln | **2** Karotten | **100ml** Reisweinessig | **3EL** Olivenöl | **2TL** Sesamöl | **1TL** Sojasauce | **1EL** Zitronensaft | **½** Salatkopf | **1** Gurke | **jeweils ½ Bund** Minze, Basilikum und Koriander | **3** Frühlingszwiebeln | **50g** gesalzene Erdnüsse | **eine Viertel** Limette

---

Zubereitung

1. Als erstes mischen wir für das Dressing den Reisweinessig, Zitronensaft, Sojasauce, Sesamöl und Olivenöl in einem Glas miteinander.
2. Reisnudeln nach Anleitung kochen und mit kaltem Wasser abschrecken.
3. Minze, Erdnüsse, Basilikum, Koriander, Salatkopf und die Frühlingszwiebeln kleinhacken. Die Gurke und die Karotten werden in feine Stifte geschnitten.
4. Die Nüsse und das Gemüse gemeinsam mit den Nudeln vermengen. Das Ganze wird dann noch mit dem Dressing vermischt.
5. Zum Schluss noch ein Stück Limette zum Garnieren beilegen.

Guten Appetit. :-)

Vegane Falafel

Zubereitungsdauer

30 Minuten

Zutaten für 2 Personen

200g getrocknete Kichererbsen | **jeweils 2TL** Kreuzkümmelpulver und Korianderpulver | **1** Zwiebel | **1 Scheibe** trockenes Toastbrot | **1 Prise** Salz und Pfeffer | **2EL** Mehl | **1TL** Backpulver | **4** Knoblauchzehen **1 Liter** Öl zum frittieren |

Zubereitung

1. Kichererbsen in genügend viel Wasser hineingeben und für ca. 12 Stunden ordentlich quellen lassen.
2. Brot klein zerkrümeln, Knoblauchzehen und Zwiebeln kleinhacken und die Petersilienblätter vom Strunk entfernen.
3. Anschließend in einem Mixer Brot, Zwiebeln, Knoblauchzehen und Kichererbsen durchmixen.
4. Das Ganze mit den Gewürzen verfeinern und abschmecken. Anschließend mit dem Backpulver und dem Mehl vermischen und daraus relativ kleine Bällchen in Wallnussgröße formen.
5. Jetzt das Öl in einen Kochtopf abfüllen und solange erhitzen bis sich reichlich Bläschen bilden.
6. Die Falafeln nun jeweils für 5 Minuten goldbraun frittieren.

Guten Appetit. :-)

Bratkartoffeln aus dem Ofen

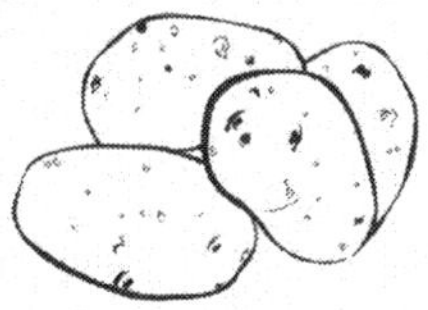

Zubereitungsdauer

30 Minuten

Zutaten für 2 Personen

800g Kartoffeln | **jeweils 1** Knoblauchzehe und Zwiebel |
1 Prise Salz, Pfeffer, Kräuter de Provence und Paprikapulver | **2EL** Olivenöl

---

Zubereitung

1. Die geschälten Kartoffeln in kleine Würfel schneiden und in eine Auflaufform geben.
2. Anschließend mit den jeweiligen Gewürzen bestreuen und mit dem Olivenöl beträufeln.
3. Die Kartoffeln nun für 20 Minuten im vorgeheizten Backofen bei 200 Grad Umluft garen.
4. Nun die Knoblauchzehen und die Zwiebeln klein hacken, auf die Bratkartoffeln verteilen und für weitere 20 Minuten im Ofen backen lassen.

Guten Appetit. :-)

Vollkorn Hamburger Brötchen

Zubereitung-, Geh und Backdauer

15 Minuten – 120 Minuten – 15 Minuten

Zutaten

100g Vollkornmehl | **jeweils 30ml** Wasser und Sojamilch | **2EL** Honig | **5g** frische Hefe | **20g** Sojabutter | **1 Prise** Salz und Pfeffer | **2EL** Sesam

---

Zubereitung

1. Das Wasser mit der Hefe, dem Honig und der Milch vermischen, gut miteinander durchrühren und für 15 Minuten im abgedeckten Zustand gehen lassen.
2. Jetzt die Butter mit dem Mehl in eine Schüssel geben und mit dem Salz würzen. Das Ganze 5 Minuten lang ordentlich durchkneten.
3. Anschließend die Hefemischung hinzugeben und erneut durchkneten. Jetzt für weitere 60-90 Minuten im abgedeckten Zustand gehen lassen.
4. Teig halbieren und zu zwei Bällen formen. Die Teiglinge auf ein Blech platzieren und für weitere 60 Minuten gehen lassen.
5. Nun im vorgeheizten Backofen für 10-15 Minuten bei 180°C backen.
6. Schlussendlich Brötchen auskühlen lassen, halbieren und je nach Belieben belegen.

Guten Appetit. :-)

Tomatenrisotto

Zubereitungsdauer

25 Minuten

Zutaten für 2 Personen

250g Risottoreis | **500g** Kirschtomaten | **250ml** Gemüsebrühe | **1** Zwiebel | **50g** Butter | **500ml** Passata | **100g** Mozzarella | **etwas** Parmesan

---

Zubereitung

1. Zwiebel klein hacken und gemeinsam mit dem Reis und 25g Butter in eine Mikrowellenfeste Schüssel geben.
2. Schüssel schließen und in der Mikrowelle für 3 Minute bei hoher Temperatur garen.
3. Anschließend Passata und Gemüsebrühe mit hineingeben und für weitere 10 Minuten garen. Danach ordentlich durchrühren.
4. Die Tomaten und die klein gehackte Mozzarella mit untermischen und für weitere 7-10 Minuten in der Mikrowelle erhitzen bis der Reis fertiggekocht und die Tomaten weich geworden sind.
5. Risotto ein paar Minuten ruhen lassen und die restliche Butter gemeinsam mit dem Parmesan und den Basilikumblättern unterrühren.
6. Je nach Belieben würzen und genießen.

Guten Appetit. :-)

Flammkuchen

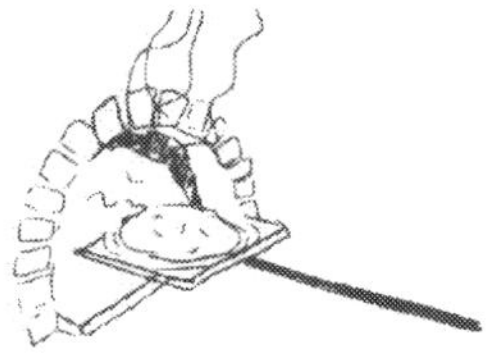

Zubereitungsdauer

30 Minuten

Zutaten für 2 Personen

100g geriebener Käse | **1** Zwiebel | **1** rote Paprika | **ein Viertel** Blumenkohl | **50g** Creme fraiche | **2** Eier | **1 Prise** Salz und Pfeffer

---

Zubereitung

1. Den fein geraspelten Blumenkohl, die Eier und ¾ des Käses miteinander vermischen und mit einer Prise Salz würzen.
2. Backofen auf 180°C vorheizen und ein Backblech mit Backpapier belegen.
3. Einen Springformrand in eine Runde Form formen und den Teig hineinsetzen und für 25 Minuten im Backofen durchbacken lassen.
4. Währenddessen den Creme fraiche mit dem Käse durchmischen und würzen.
5. Paprika in feine Streifen schneiden und die geschälte Zwiebel in dünne Ringe schneiden.
6. Anschließend wird der Flammkuchenboden mit der Creme fraiche bestrichen und die Zwiebelringe und Paprikastreifen darauf verteilt.
7. Das Ganze für weitere 15 Minuten backen.

Guten Appetit. :-)

Canellini Karottensalat

Zubereitungsdauer

35 Minuten

Zutaten

1kg Babykarotten | **400g** Cannellini Bohnen | **200g** zerbröckelter Schafskäse | **175g** grüne Bohnen | **2EL** Olivenöl | **1** rote Zwiebel | **kleines Bündel** Minze | **Optional**: Zitronenthymianzweige

---

Zubereitung

1. Backofen auf 220°C vorheizen.
2. 1kg Babykarotten waschen, mit dem Zitronenthymianzweigen und 1EL Olivenöl vermischen und in eine große Bratform legen.
3. Je nach Belieben würzen und für eine halbe Stunde goldbraun rösten. Nach 15 Minuten einmal kurz wenden.
4. Währenddessen die grünen Bohnen in kochendem Wasser zum Kochen bringen, abtropfen lassen und unter eiskaltem Wasser abschrecken.
5. Anschließend Cannellini, grüne Bohnen, 1EL Olivenöl, fein geschnittene Zwiebel und Feta Käse miteinander mischen.
6. Das Ganze mit den Babykarotten vermischen und es mit der Minze garnieren.

Guten Appetit. :-)

Mediterranes Grillgemüse

Zubereitungsdauer

35 Minuten

Zutaten für 2 Personen

2 Zucchini | **1** Aubergine | **1** Paprika | **400g** Bohnen | **1** Knoblauchzehe | **100ml** Gemüsebrühe | **2EL** Olivenöl | **1** Zitrone | **1EL** gehackter Koriander und Pfeffer

---

Zubereitung

1. Paprika entkernen und vierteln. Aubergine kleinhacken. Zucchini schälen und ebenfalls klein schneiden.
2. Grill erhitzen und das Gemüse in einer Grillpfanne anrichten und mit dem Olivenöl bestreichen. Solange grillen bis es leicht gebräunt ist.
3. Währenddessen die zerdrückte Knoblauchzehe gemeinsam mit den Bohnen und der Brühe in eine kleine Pfanne geben und im ungeschlossenen Zustand für 10 Minuten köcheln lassen.
4. Beim Kochvorgang grob mit dem Kartoffelstampfer zerdrücken und je nachdem wie trocken der Brei ist, etwas Wasser oder Gemüsebrühe hinzufügen.
5. Anschließend Brei und Gemüse auf 2 Teller verteilen und mit dem Olivenöl, Pfeffer und Koriander verfeinern.
6. Zum Schluss an jedem Teller eine Zitronenscheibe beilegen.

Guten Appetit. :-)

Butterbohnen mit braunem Reis

Zubereitungsdauer

30 Minuten

Zutaten für 2 Personen

400g Butterbohnen (gespült und abgetropft) | **200g** brauner Reis | **200g** Mangold | **3EL** Rapsöl | **1TL** geräucherter Paprika | **3** fein geschnittene Knoblauchzehen | **Optional**: Naturjoghurt

---

Zubereitung

1. Reis mit kaltem Wasser abspülen.
2. In einer großen Pfanne Wasser zum Köcheln bringen und den braunen Reis für ca. 25 Minuten kochen lassen. Anschließend abtropfen lassen.
3. Eine mit 2EL Öl beschichtete breite Pfanne auf mittlere Hitze einstellen und das jeweilige Gemüse hinzufügen und mit einer Prise Salz und Pfeffer würzen.
4. In geschlossenem Zustand kochen lassen und hin und wieder das Ganze umrühren, bis das Gemüse gegart und verwelkt ist.
5. Knoblauchzehenscheiben und Butterbohnen hinzugeben und kochen lassen.
6. Anschließend 1EL Rapsöl, Kreuzkümmel und geräucherte Paprika hinzufügen.
7. Ordentlich durchrühren und über dem gekochten Reise servieren. Optional noch etwas Joghurt beigeben.

Guten Appetit. :-)

Cheddar Brokkoli Nudelauflauf

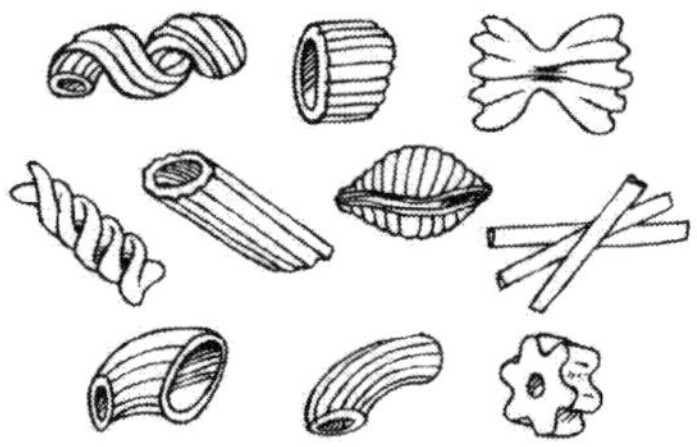

Zubereitungsdauer

25 Minuten

Zutaten für 2 Personen

300g Nudeln | **300g** Brokkoli | **30g** Butter | **30g** Mehl | **350ml** Milch | **150g** reifer Cheddar (gerieben) | **1EL** Vollkornsenf

---

Zubereitung

1. Nudeln ganz gewohnt kochen und in den letzten 5 Minuten der Kochzeit, die Brokkoli Rösschen mit hinzugeben und bis sie weich geworden sind.
2. Alles gut abtropfen lassen und anschließend den Grill erhitzen.
3. Die Butter in einem Topf zum Schmelzen bringen und dabei das Mehl unterrühren. Das lassen wir 1-2 Minuten kochen und geben dann langsam nach und nach die Milch hinzu. Währenddessen die Zugabe gut umrühren.
4. Für gute 2 Minuten köcheln lassen und anschließend 75g Cheddar, Senf und die Gewürze hinzufügen und unterrühren.
5. Nun werden die Nudeln gemeinsam mit den Brokkoli unter die Sauce gemischt und in eine Auflaufform gegeben.
6. Restliches Cheddar verstreuen und für 3-5 Minuten unter einem heißen Grill stellen bis es goldbraun ist.

Guten Appetit. :-)

Tomaten Bohnengulasch

Zubereitungsdauer

35 Minuten

Zutaten für 2 Personen

Jeweils 400g Tomaten und Bohnen | **2EL** Olivenöl |
1 Zwiebel | **1EL** geräucherte Paprika | Ciabatta Brot | Sauerrahm

Zubereitung

1. Die Zwiebel schälen und kleinhacken. Anschließend in einem mit Öl befetten Topf geben und für 5 Minuten braten.
2. Die Paprika hinzugeben und für 1-2 Minuten kochen lassen.
3. Jetzt die gewaschenen und kleingeschnittenen Tomaten und 300ml Wasser hinzugeben und gut durchrühren.
4. Alles für gute 10 Minuten köcheln lassen bis alles eingedickt ist.
5. Die gewaschenen Bohnen hinzugeben und für ca. 2 Minuten kochen. Das geben wir nun in eine Schüssel und servieren sie mit Ciabatta Scheiben und Sauerrahm.
6. Zum Schluss mit Olivenöl beträufeln.

Guten Appetit. :-)

Quinoa Burger

Zubereitungsdauer

15 Minuten

Zutaten für 2 Personen

130g Quinoa | **100g** geriebener Mozzarella | **2** Eier | **8** getrocknete Tomaten | **3EL** Vollkornmehl | **jeweils ½ TL** Salz und Pfeffer | **2EL** Olivenöl

---

Zubereitung

1. Als erstes kochen wir die Quinoa nach Packungsanleitung.
2. Währenddessen Tomaten waschen und kleinhacken.
3. Alles Zutaten bis auf das Olivenöl in einer Schüssel vermengen und aus der Masse 4 Burger formen.
4. Anschließend die Burger auf einer Pfanne mit dem Olivenöl ordentlich goldbraun anbraten.

Guten Appetit. :-)

Zucchini Nudeln

Zubereitungsdauer

20 Minuten

Zutaten für 2 Personen

250g Zucchini | ½ Zwiebel | **2** Knoblauchzehen | **3** Tomaten |
Optional: 2EL Rotweinessig | Öl zum Anbraten

Zubereitung

1. Als erstes werden die Zucchini gewaschen, längs halbiert und in feine Streifen geschnitten.
2. Anschließend etwas salzen und in einem Sieb gut abtropfen lassen.
3. Tomaten vierteln und die Pfanne mit Öl erhitzen.
4. Nun werden in der Pfanne die Zwiebel angebraten bis sie braun sind. Daraufhin die Tomaten und Knoblauchzehen mithinzugeben und für ein paar Minuten bei mittlerer Hitze ordentlich kochen lassen.
5. Die gut entwässerten Zucchinistreifen mit in die Pfanne geben und für 3 Minuten gut durchdünsten.
6. Zum Schluss mit Salz und Pfeffer würzen.

Guten Appetit. :-)

Asiatische Gemüse Kokos Suppe

Zubereitungsdauer

15 Minuten

Zutaten für 2 Personen

1 Beutel asiatisches TK-Gemüse | **1 Dose** Kokosmilch | **3EL** Currypaste | **200ml** Wasser

---

Zubereitung

1. Das ganze Gemüse in einem Topf gemeinsam mit dem Wasser zum Kochen bringen.
2. Anschließend die Kokosmilch hinzugeben und kräftig umrühren.
3. Jetzt die Currypaste Stück für Stück hinzugeben und einrühren. Aufpassen, dass es nicht zu scharf wird.
4. Je nachdem, ob man es matschig mag, kann man es nochmal kurz aufkochen lassen bis das Gemüse die gewünschte Konsistenz hat.

Guten Appetit. :-)

Pikante Gemüse Spaghetti

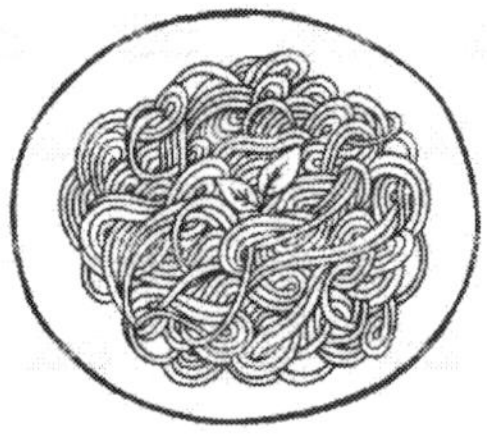

Zubereitungsdauer

15 Minuten

Zutaten für 2 Personen

250g Spaghetti | **250g** TK-Gemüse | **3** Pfefferonen |
2 Scheiben Gouda | **eine halbe** Tasse Milch

Zubereitung

1. Tiefkühlgemüse in einem kleinen Topf mit etwas Wasser auf niedriger Stufe köcheln lassen.
2. Spaghetti ganz gewöhnlich in salzigem Wasser kochen und währenddessen die Pfefferonen in kleine Stücke hacken.
3. Jetzt die Pfefferonen zum Gemüse mit hinzugeben und dabei die Hitze erhöhen und das Ganze aufkochen lassen.
4. Käse Scheiben in kleine Würfel schneiden und gemeinsam mit der Milch in den kleinen Topf geben und ordentlich durchrühren.

Guten Appetit. :-)

Zuckermaiskuchen

Zubereitungsdauer

20 Minuten

Zutaten für 2 Personen

200g gefrorener Zuckermais | **50g** selbstaufziehendes Mehl | **1** Ei | **1** Avocado | **1** Limette | **1 Bund** Frühlingszwiebeln | **Handvoll** gehackte Korianderblätter | **2EL** Olivenöl | gekühlte Bohnen

---

Zubereitung

1. Zuckermais, Ei, Mehl und die Hälfte der Frühlingszwiebeln mit ein wenig Würzmittel miteinander vermengen.
2. Anschließend die Avocado mit dem Limettensaft, Korianderblättern, Gewürz und dem restlichen Frühlingszwiebeln vermischen und erstmal zur Seite stellen.
3. 1EL der Maismischung in eine mit Öl befettete Pfanne geben, erhitzen und zu einem Kuchen glätten.
4. Beide Seiten bei mittlerer Hitze für 2-3 Minuten kochen lassen und das restliche Öl hinzufügen.
5. Zu guter Letzt mit dem Avocado Salsa, Limettenscheiben und warmen Bohnen heiß servieren.

Guten Appetit. :-)

Artischocken Risotto

Zubereitungsdauer

40 Minuten

Zutaten für 2 Personen

800ml salzarme Gemüsebrühe | **400g** Artischocken | **2** Zwiebeln | **2** Paprikaschoten | **150g** Risottoreis | **150ml** Weißwein | **jeweils 2EL** Rosmarin, geriebener Parmesan und geröstete Pinienkerne | **1EL** Olivenöl

Zubereitung

1. Zwiebeln wie gewohnt in feine Scheiben schneiden und in einer mit Öl beschichteten Pfanne für 5-7 Minuten leicht kochen, bis sie braun sind.
2. Rosmarin und Paprikaschoten hinzugeben und für weitere 5 Minuten köcheln lassen. Anschließend den Risotto hinzugeben und gut durchrühren.
3. Weißwein und 400ml Gemüsebrühe hinzugeben, köcheln lassen, Hitze reduzieren und hin und wieder umrühren bis die Flüssigkeit vom Reis absorbiert ist.
4. Erneut 400ml Gemüsebrühe und Artischocken hinzugeben und köcheln lassen bis der Reis zart ist.
5. Zu guter Letzt Pinienkerne und Parmesan unterrühren.

Guten Appetit. :-)

DIPS & SAUCEN

Löwenzahn Pesto

Zubereitungsdauer

15 Minuten

Zutaten

80g junge Löwenzahnblätter | **½ Bund** Basilikumblätter | **40g** Pinienkerne | **30g** Parmesan | **1** Knoblauchzehe | **70ml** Olivenöl | **1 Prise** Salz und Pfeffer

---

Zubereitung

1. Knoblauchzehe schälen und kleinpressen.
2. Löwenzahnblätter für 20 Minuten in kaltes Wasser legen und anschließend trocknen lassen.
3. Basilikumblätter waschen und abzupfen.
4. Parmesankäse mit einer Reibe kleinreiben.
5. Alle Zutaten bis auf einen 1EL Olivenöl in eine Schüssel geben und mit einem Pürierstab pürieren. Das Ganze dann mit Salz und Pfeffer würzen.
6. Das Pesto nun in Gläser abfüllen und etwas Olivenöl obendrauf geben.

Guten Appetit. :-)

Sardinen Frischkäse Aufstrich

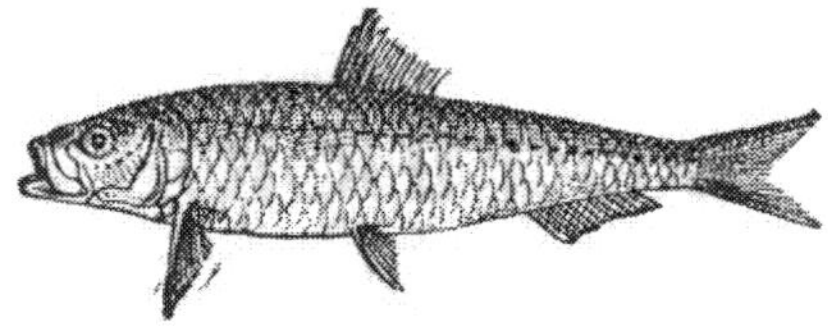

Zubereitungsdauer

5 Minuten

Zutaten

1 Dose Ölsardinen | **60g** Frischkäse | **1TL** Currypulver | ¼ Baguette

---

Zubereitung

1. Die Sardinen in ihrem eigenen Öl mit einer Gabel in einer Schüssel zerdrücken.
2. Dies wird dann mit dem Currypulver und dem Frischkäse vermischt bis eine cremige Masse entstanden ist.
3. Anschließend je nach Belieben in der Dose oder auf einem Teller anrichten und mit einem Baguette genießen.

Guten Appetit. :-)

Guacamole

Zubereitungsdauer

15 Minuten

Zutaten

1 Fleischtomate | **1** Avocado | **2** Knoblauchzehen |
1 Baguette | **1** Zitrone | **1 Prise** Salz und Pfeffer

Zubereitung

1. Avocado schälen und entkernen. Anschließend mit einer Gabel kleinstampfen.
2. Tomate kleinwürfeln, Knoblauch kleinpressen und beides in eine Schüssel geben.
3. Eine Zitrone halbieren und den Saft einer halben Zitrone in die Schüssel hineinpressen.
4. Die Avocado mithineingeben und das Ganze mit Salz und Pfeffer würzen.
5. Baguette in kleine Stücke schneiden, die Guacamole auf das Brot schmieren und genießen.

Guten Appetit. :-)

Artischocken Dip

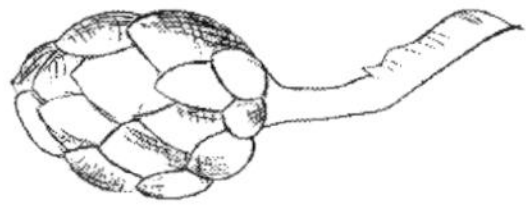

Zubereitungsdauer

10 Minuten

Zutaten

300g Artischocken | **50g** geröstete Pinienkerne | **20g** Petersilie | **1** Knoblauchzehe | **1** Zitrone (Saft) | **3EL** geriebener Parmesan | **3EL** Olivenöl | **1 Prise** Salz und Pfeffer

---

Zubereitung

1. Knoblauchzehe in eine Schüssel kleinpressen und den Saft einer Zitrone hinzugeben.
2. Olivenöl, Artischocken und Parmesan mithineingeben und das Ganze mit Salz und Pfeffer würzen.
3. Mit einem Pürierstab ordentlich feinpürieren und oben drüber die Petersilienblätter und Pinienkerne geben und servieren.

Guten Appetit. :-)

Paprika Erbsen Dip

Zubereitungsdauer

10 Minuten

Zutaten

400g Kichererbsen | **2** rote Paprikaschoten | **4EL** Olivenöl | **1** Knoblauchzehe | Zitronensaft | **1 Handvoll** frischer Koriander | **1 Prise** Salz und Pfeffer

---

Zubereitung

1. Kichererbsen ordentlich abspülen und abtropfen lassen.
2. Knoblauchzehe schälen und kleinpressen.
3. Die Paprikaschoten in feine Streifen schneiden und in einer öligen Pfanne anrösten.
4. Anschließend die gerösteten Paprikastreifen mit dem Knoblauch, Olivenöl, Zitronensaft und dem Koriander in einen Mixer geben und ordentlich durchmixen.
5. Zu guter Letzt mit Salz und Pfeffer würzen.

Guten Appetit. :-)

Cashew Curry Dip

Zubereitungsdauer

5 Minuten

Zutaten

100g Cashewnüsse | **1** Limette |**3EL** Kokoscreme | **2EL** Curry Paste |
1 Prise Salz und Pfeffer

Zubereitung

1. Die Cashews, Kokoscreme und Curry Paste in einen Mixer geben.
2. Die Limette halbieren und den Saft von beiden Hälften in den Mixer hineinpressen.
3. Noch mit Salz und Pfeffer würzen und ordentlich durchmixen.

Guten Appetit. :-)

Onion Dip

Zubereitungsdauer

10 Minuten

Zutaten

150ml saure Sahne | **50g** Mayonnaise | **2EL** Olivenöl | **1** Zwiebel
1 Prise Salz und Pfeffer

Zubereitung

1. Zwiebel schälen und in feine Scheiben schneiden. Die Zwiebelscheiben in einer Schüssel mit dem Olivenöl vermengen und auf einem mit Backpapier ausgelegtem Backblech für 6-8 Minuten im Backofen bei starker Hitze garen lassen.
2. Die fertig gegarten Zwiebelscheiben ordentlich kleinhacken und in einer Schüssel mit dem Sauerrahm und der Mayonnaise vermengen.
3. Das Ganze mit Salz und Pfeffer würzen und genießen.

Guten Appetit. :-)

Feta Chili Dip

Zubereitungsdauer

5 Minuten

Zutaten

200g Feta Käse | **200ml** saure Sahne | **3EL** geschnittene Jalapeño Chili | **1** rote Chilischote | **200g** Zuckermais | **1 Handvoll** Korianderblätter

---

Zubereitung

1. Feta Käse zerbröckeln und gemeinsam mit der sauren Sahne in einen Mixer geben und durchmixen.
2. Das Ganze dann mit dem Zuckermais, Koriander und den kleingeschnittenen Chilischoten bestreuen und servieren.

Guten Appetit. :-)

Cannellini Dip

Zubereitungsdauer

10 Minuten

Zutaten

400g Kichererbsen | **400g** Cannellini Bohnen | **2** Zitronen | **100ml** griechischer Joghurt | **2** Knoblauchzehen | **2TL** gemahlener Kreuzkümmel | **1 Prise** Salz und Pfeffer

---

Zubereitung

1. Die Kichererbsen und Bohnen spülen und in einem Sieb abtropfen lassen.
2. Die Knoblauchzehen schälen und kleinpressen.
3. Anschließend die Bohnen und Kichererbsen gemeinsam mit den Knoblauchzehen, Saft von zwei Zitronen, griechischem Joghurt, Kreuzkümmel, Salz und Pfeffer in einen Mixer geben und durchmixen.
4. Das Ganze in mehrere Schüsseln abfüllen und im Kühlschrank lagern.

Guten Appetit. :-)

Sardinenpaste

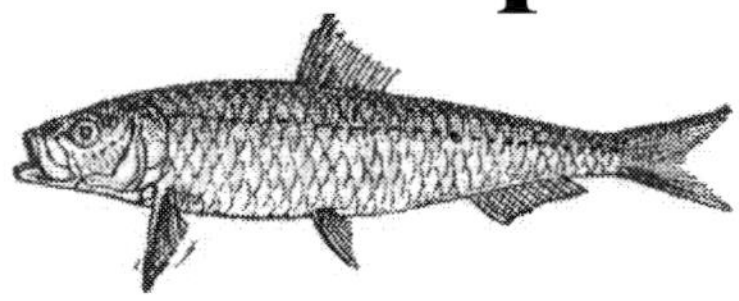

Zubereitungsdauer

10 Minuten

Zutaten

4 Dosen Sardinen Filets in Öl | **2EL** Tomatenmark | **1** Knoblauchzehe | **1 Prise** Paprikapulver, Salz und Pfeffer

---

Zubereitung

1. Die Knoblauchzehe schälen, kleinpressen und gemeinsam mit dem Tomatenmark und den Sardinen Filets in eine Schüssel geben.
2. Das Ganze mit einem Pürierstab zerkleinern und mit Salz, Pfeffer und Paprikapulver würzen.
3. Mit Brot servieren und genießen.

   Guten Appetit. :-)

Kräuter Joghurt

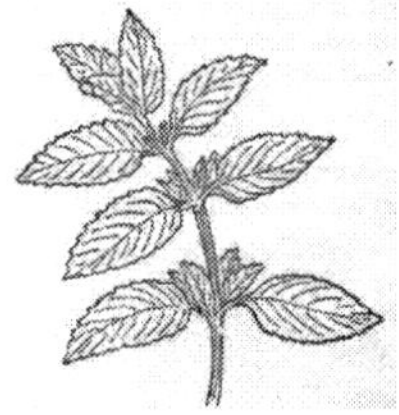

Zubereitungsdauer

10 Minuten

Zutaten

400g griechischer Joghurt | **4** Frühlingszwiebeln |
1EL Dill | **1EL** Minze | **etwas** Olivenöl | **1 Prise** Pfeffer

---

Zubereitung

1. Die Frühlingszwiebel in feine Ringe hacken und in den griechischen Joghurt geben.
2. Den Joghurt mit kleingehacktem Dill und Minzblättern vermengen und dem Pfeffer würzen.
3. Olivenöl oben draufgeben, gut durchmischen und kühl lagern.

Guten Appetit. :-)

Bohnen Mais Dip

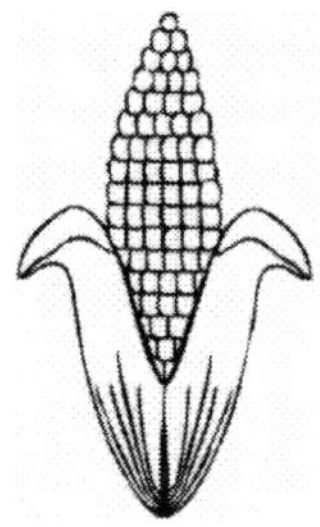

Zubereitungsdauer

10 Minuten

Zutaten

200g Kidneybohnen | **200g** Bohnenmix | **100g** Zuckermais |
1 rote Zwiebel | **1** rote Chilischote | **1 kleine Handvoll** Koriander |
1 Prise Salz und Pfeffer

Zubereitung

1. Den Bohnenmix, Zuckermais und die Kidneybohnen in einen Mixer geben, durchmixen und in eine Schüssel abfüllen.
2. Anschließend die Zwiebel und Chilischote kleinhacken und beides gemeinsam mit dem Koriander in den Dip mischen.
3. Mit einer Prise Salz und Pfeffer würzen, durchrühren und servieren.

Guten Appetit. :-)

Tomaten Dip

Zubereitungsdauer

10 Minuten

Zutaten

400g reife Tomaten | **2 Scheiben** rustikales Brot | **1** Knoblauchzehe | **50ml** Olivenöl | **2EL** Sherryessig | **1 Prise** Paprikapulver

---

Zubereitung

1. Die Brotscheiben in einem Toaster grillen, kleinschneiden und in einen Mixer geben.
2. Tomaten ordentlich kleinhacken und die Knoblauchzehe kleinpressen.
3. Anschließend beides gemeinsam mit dem Olivenöl, Sherryessig und dem Paprikapulver ebenfalls in den Mixer geben und den ganzen Dip durchmixen.
4. In eine Schüssel abfüllen und genießen.

Guten Appetit. :-)

Kräuter Feta Dip

Zubereitungsdauer

10 Minuten

Zutaten

400g Feta Käse | **1** Zitrone | **70ml** Olivenöl | **20g** Dill | **20g** Minze

---

Zubereitung

1. Den Feta abtropfen lassen, in kleine Stücke schneiden und gemeinsam mit dem Saft der Zitrone und der Hälfte des Olivenöls in einen Mixer geben.
2. Anschließend das restliche Olivenöl, Dill und die Minze hinzugeben und per Löffel umrühren.
3. In eine Schüssel abfüllen und kühl lagern.

Guten Appetit. :-)

Edamame Dip

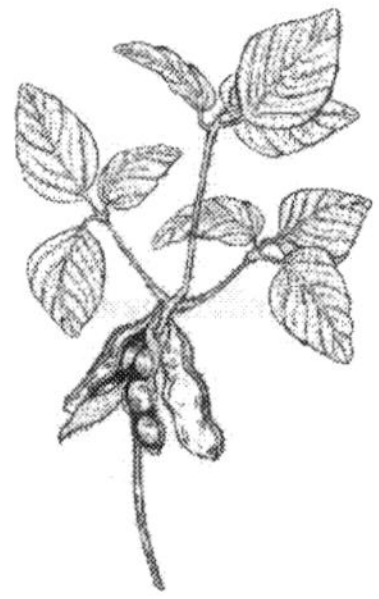

Zubereitungsdauer

15 Minuten

Zutaten

300g gefrorene Sojabohnen | **150g** fettarmer Naturjoghurt | **jeweils 1** rote Zwiebel, rote Chilischote und Knoblauchzehe | **1 Handvoll** gehackter Koriander | **1** Limette | **ein paar** Radieschen

Zubereitung

1. Sojabohnen in kochendem Salzwasser für 5 Minuten köcheln lassen. Anschließend abtropfen und unter kaltes Wasser stellen.
2. Knoblauchzehe und Chilischote kleinhacken und gemeinsam mit den Sojabohnen, dem Joghurt und dem Saft der Limette glattrühren.
3. Die rote Zwiebel ebenfalls kleinhacken und mit dem Koriander mit in die Masse mischen.

Guten Appetit. :-)

Senf zum Selbermachen

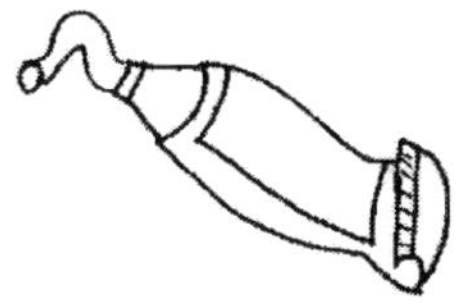

Zubereitungsdauer

5 Minuten

Zutaten

50g Senfmehl aus dem Bio Laden | **50ml** Wasser | **50ml** Apfelessig | ½ Zitrone | **1 Prise** Salz | **Optional**: Thymian |

Zubereitung

1. Senfmehl mit dem Apfelessig und dem Wasser in einer Schüssel vermengen und das Ganze für ca. 2 Stunden quellen lassen.
2. Den Saft der Zitrone über der Mischung auspressen, Salz und Thymian hinzufügen und erneut durchmischen.
3. Je nach Geschmack nochmal nachwürzen.

Guten Appetit. :-)

BOWLS & PORRIDGES

Sardinen Poke Bowl

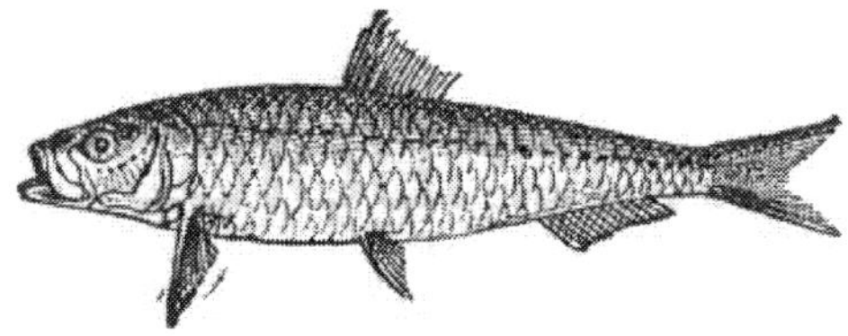

Zubereitungsdauer

15 Minuten

Zutaten für 1 Person

120g Sardinen | **100g** Salatblätter | **jeweils 1EL** Kapern, Olivenöl und Rotweinessig | **Handvoll** schwarze Oliven

---

Zubereitung

1. Die Salatblätter werden als erstes in ein bis zwei Schüsseln verteilt.
2. Anschließend die kleingehackten schwarzen Oliven und Kapern über die Salatblätter darüber streuen.
3. Die Sardinen bricht man per Hand grob auf und gibt sie ebenfalls zum Salat.
4. Schlussendlich mit ein wenig Rotweinessig und Öl beträufeln.

Guten Λppetit. :-)

Riesengarnelen Bowl

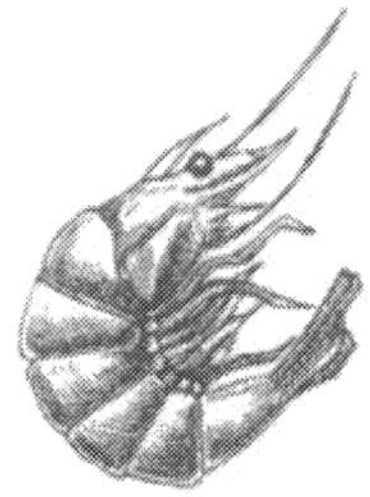

Zubereitungsdauer

10 Minuten

Zutaten für 1 Person

250g Riesengarnelen aus dem Kühlregal | **250g** mediterraner Tomatenreis | **50g** Salatblätter | **1** Zucchini | **1TL** Zitronensaft | **1EL** Olivenöl | **eine Handvoll** Basilikumblätter

---

Zubereitung

1. Als erstes wird der Reis ganz gewohnt nach Packungsanleitung gekocht.
2. Die Garnelen ebenfalls nach Packungsanleitung kochen.
3. Der Reis und die Garnelen werden nun gemeinsam mit den kleingehackten Zucchini, Basilikumblättern und dem Öl durchgerührt.
4. Zwei Schüssel mit Salatblättern auslegen und mit der Garnelen Reis Mischung befüllt.
5. Zum Schluss noch mit Zitronensaft und dem Olivenöl beträufeln.

Guten Appetit. :-)

Bunte Smoothie Bowl

Zubereitungsdauer

15 Minuten

Zutaten für 1 Person

200ml Mandelmilch | **100g** Beerenmischung | **50g** Spinat | **1** Avocado | **1** reife Mango | **1** Apfel | **1** Drachenfrucht

---

Zubereitung

1. Als erstes alle frischen Zutaten abwaschen und in kleine Stücke schneiden.
2. Avocado, Apfel, Mango, Mandelmilch und den Spinat in einem Mixer geben und ordentlich durchmixen.
3. Anschließend in eine Bowl geben und mit der Drachenfrucht und dem Beerenmix deiner Wahl belegen.

Guten Appetit. :-)

Banana Kurkuma Bowl

Zubereitungsdauer

5 Minuten

Zutaten

2 Bananen | **50g** glutenfreier Hafer | **2TL** gemahlener Kurkuma | **3EL** Kokosmilchjoghurt | **1EL** Cashewnuss Butter | **½ TL** gemahlener Zimt | **jeweils 1EL** Chiasamen und gehackte Nüsse | **600ml** Wasser

---

Zubereitung

1. Hier werden alle Zutaten bis auf die Chiasamen und die gehackten Nüsse in einem Mixer durchgemixt bis eine glatte Masse entsteht.
2. Anschließend in eine Schüssel geben und mit den Chiasamen und Nüssen servieren.

Guten Appetit. :-)

Karotten Ananas Bowl

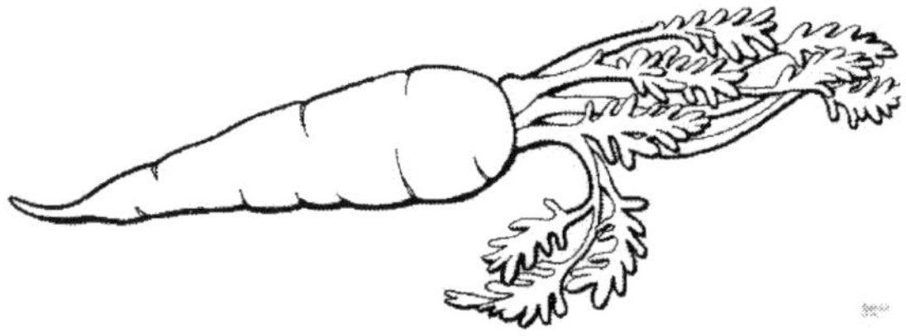

Zubereitungsdauer

5 Minuten

Zutaten für 2 Personen

500ml Karottensaft | **250g** Ananas | **2** Bananen | **30g** Cashewnüsse | **kleines Stück** Ingwer | Limettensaft

---

Zubereitung

1. Alle Zutaten ganz einfach in einem Mixer geben und ordentlich durchmixen.
2. Anschließend entweder sofort trinken oder für maximal einen Tag im Kühlschrank lagern.

Guten Appetit. :-)

Breakfast Bowl

Zubereitungsdauer

5 Minuten

Zutaten

150g Waldfrüchte | **100ml** Vollmilch | **1** Banane | **2EL** Naturjoghurt | **50g** Heidelbeeren | **1EL** Chiasamen | **jeweils 1TL** Honig und gemischte Samen | **½ TL** Zimt |

Zubereitung

1. Alle Zutaten ganz einfach in einem Mixer geben und ordentlich durchmixen. Die Reihenfolge spielt hierbei keine Rolle.

   Guten Appetit. :-)

Vitamin C Bowl

Zubereitungsdauer

5 Minuten

Zutaten

1 Orange | **1 große** Karotte | **2 Stangen** Sellerie |
50g grob gehackte Mango | **200ml** Wasser

Zubereitung

1. Alle Zutaten ganz einfach in einem Mixer geben und ordentlich durchmixen. Die Reihenfolge spielt hierbei keine Rolle.

   Guten Appetit. :-)

Himbeeren Bowl

Zubereitungsdauer

15 Minuten

Zutaten

450g Himbeeren | **400ml** Magermilch | **200ml** fettarmer Joghurt | **75ml** Honig | **1** Banane

---

Zubereitung

1. Alle Zutaten ganz einfach in einem Mixer geben und ordentlich durchmixen. Die Reihenfolge spielt hierbei keine Rolle.
2. Falls man die Konsistenz gleichmäßig haben möchte, einfach die Masse durch ein Sieb drücken, um die Himbeersamen zu filtern.
3. Das Ganze nun auf zwei Schüsseln verteilen und mit einzelnen Himbeeren servieren.

Guten Appetit. :-)

Apple Ice Bowl

Zubereitungsdauer

10 Minuten

Zutaten

250ml Apfelsaft | **100ml** fettarmer Naturjoghurt | **50g** Haferbrei | **jeweils 1** Birne und Banane | Handvoll Eiswürfel

---

Zubereitung

1. Alle Zutaten ganz einfach in einem Mixer geben und ordentlich durchmixen. Die Reihenfolge spielt hierbei keine Rolle.

   Guten Appetit. :-)

Orange Outs Bowl

Zubereitungsdauer

10 Minuten

Zutaten

2 Orangen | **6EL** Haferflocken | **200ml** griechischer Joghurt 0% Fett | **jeweils 50g** Nüsse, Gojibeeren, Samen und Rosinen

---

Zubereitung

1. 400ml Wasser gemeinsam mit dem Haferbrei in eine beschichtete Pfanne geben und köcheln lassen.
2. Währenddessen Orange schälen und in Einzelteile teilen.
3. Den Haferbrei in die Schalen abfüllen und jeweils einen Klecks Joghurt drüber geben.
4. Anschließend die Orangen und Nüsse, Gojibeeren, Samen und Rosinen darauf verteilen.

Guten Appetit. :-)

Pistazien Outs Bowl

Zubereitungsdauer

10 Minuten

Zutaten

50g Haferflocken | **50ml** Apfelsaft | **25g** gehackte Pistazien | **2EL** fettarmer Naturjoghurt | **1** Apfel | **1 Prise** Zimt und Muskatnuss | **3EL** Granatapfel | **etwas** Beerenmischung

---

Zubereitung

1. 150ml Wasser gemeinsam mit den Haferflocken, Apfelsaft, Muskatnuss, Zimt und dem kleingeschnittenen Apfel in einem Mixer durchmixen und für ca. 20 Minuten einweichen lassen.
2. Sobald der Hafer weich geworden ist, wird der Joghurt hinzugegeben und gut durchgerührt.
3. Die Masse auf zwei Schüsseln verteilen und mit den Pistazien, Granatäpfeln und der Beerenmischung servieren.

Guten Appetit. :-)

Peanut Butter Bowl

Zubereitungsdauer

10 Minuten

Zutaten

200ml Milch | **200g** Haferflocken | **1EL** Erdnussbutter | **2TL** Ahornsirup und Marmelade | **1EL** gehackte Erdnüsse | **1 Prise** Salz

---

Zubereitung

1. Die Milch gemeinsam mit der Erdnussbutter, Ahornsirup und einer Prise Salz ordentlich gut vermischen und in einen luftdichten Behälter geben.
2. Anschließend die Haferflocken hinzugeben, ebenfalls gut umrühren und Behälter verschließen.
3. Das Ganze für 5 Stunden im Kühlschrank lagern.
4. Marmelade auf den Hafer geben und mit den kleingehackten Erdnüssen servieren.

Guten Appetit. :-)

Spinat Bowl

Zubereitungsdauer

15 Minuten

Zutaten

200ml Spinat | **2** Eier | **jeweils ½ TL** Fenchelsamen und Koriandersamen | **2x in Scheiben** geschnittener Lauch | **1 ½ EL** Rapsöl | **2** Knoblauchzehen (kleingehackt) | **2EL** griechischer Joghurt **|** **1 Prise** Chili Flocken | Saft einer Zitrone

---

Zubereitung

1. Den Lauch in einer mit Öl befetteten Pfanne mit ein wenig Salz weichkochen.
2. Koriander, Knoblauchzehe, Chiliflocken und Fenchel hinzugeben. Sobald die Fenchel und Koriandersamen zu knistern beginnen, wird der Spinat eingekippt und die Herdhitze reduziert.
3. Solange umrühren bis der Spinat ordentlich eingekocht ist.
4. Nun den Spinat in der Pfanne auf Seite schieben und die Eier aufschlagen und ganz gewohnt anbraten.
5. Anschließend den Joghurt durch den Spinat rühren, würzen und in die Schüssel stapeln.
6. Das Ganze wird dann mit dem Spiegelei bedeckt und schlussendlich mit Pfeffer, Zitronensaft und Chiliflocken gewürzt bzw. verfeinert.

Guten Appetit. :-)

Power Bowl

Zubereitungsdauer

10 Minuten

Zutaten

Jeweils 100g Haferflocken, Dinkelflocken und Gerstenflocken | **einige** Erdbeeren | **100ml** Milch

---

Zubereitung

1. Alle Flockensorten in einer unbefetteten Pfanne für 5 Minuten goldbraun rösten.
2. Anschließend abkühlen lassen und ein Drittel der Breimischung gemeinsam mit 100ml Milch in einem Topf zum Köcheln bringen, hin und wieder umrühren und 5 Minuten kochen lassen.
3. Zum Schluss mit Honig und den Erdbeeren servieren.
4. Die restliche Breimischung in einem luftdichten Behälter kühl lagern.

Guten Appetit. :-)

Beef Buddha Bowl

Zubereitungsdauer

10 Minuten

Zutaten

400g Rindfleisch | **4 Tassen** gekochter Reis | **2 Tassen** Kirschtomaten | **1 Dose** schwarze Bohnen | **1 Tasse** gefrorene Maiskörner | **½ Tasse** gehackte grüne Zwiebel | **4EL** gehackte Korianderblätter | **1** Avocado (entkernt und gewürfelt) | Saft einer Limette

---

Zubereitung

1. Limettensaft gemeinsam mit dem warmen Reis vermischen und gleichmäßig auf vier Schüssel verteilen.
2. Auf jede Portion bereits fertig zubereitetes Rindfleisch, halbe Tasse Tomaten, ¼ der schwarzen Bohnen, ¼ der Maiskörner, 1/8 der Frühlingszwiebeln und ¼ der Avocado Würfel hinzugeben.
3. Anschließend wird jede Schüssel mit den Korianderblättern serviert.

Guten Appetit. :-)

Potato Bowl

Zubereitungsdauer

30 Minuten

Zutaten

600g Kartoffeln | **jeweils 2 Tassen** Bohnen und braunen Reis | **4 Tassen** Gemüsebrühe | **2** Frühlingszwiebeln | **1 Bund** Grünkohl | **1** Avocado | BBQ Tahini Sauce | Gemüsebrühe

---

Zubereitung

1. Als erstes den Backofen auf 200°C vorheizen.
2. Währenddessen Kartoffeln waschen, in kleine Würfel hacken, mit Gemüsebrühe und Salz beträufeln bzw. würzen.
3. Anschließend auf einem mit Backpapier belegtem Backblech für knappe 25 Minuten knusprig backen.
4. Sowohl Grünkohl als auch Frühlingszwiebeln waschen und klein hacken.
5. Anschließend in einer Pfanne gemeinsam mit etwas Salz und Gemüsebrühe zum Kochen bringen und dann wieder vom Herd nehmen.
6. Den Reis gemeinsam mit der Gemüsebrühe und die Bohnen ganz gewohnt nach Packungsanleitung kochen.
7. Alles in einer Schüssel mit ¼ Tasse BBQ Tahini servieren und genießen.

Guten Appetit. :-)

Sweet Potato Quinoa Bowl

Zubereitungsdauer

30 Minuten

Zutaten für 1 Person

1 Tasse Quinoa | **½ Tasse** Gemüsebrühe | **1EL** Olivenöl | **2** Knoblauchzehen | ½ gehackte Zwiebel | **1EL** frische Ingwerwurzel | **1 Tasse** Rosenkohl (in Scheiben geschnitten) | **¼ Tasse** Mandeln | **2EL** Preiselbeeren (getrocknet) | **2 Tassen** Süßkartoffeln (klein gewürfelt)

Zubereitung

1. Gemüsebrühe und Quinoa in den Topf geben, bei mittlerer Stufe zum Köcheln bringen, Deckel draufsetzen und dann die Hitze reduzieren. Das lassen wir 15-20 Minuten köcheln bis von der Flüssigkeit nichts mehr übrig ist.
2. Währenddessen kommen die kleingehackten Zwiebeln gemeinsam mit Olivenöl, Knoblauchzehen und dem Ingwer in eine Pfanne hinein.
3. 3-5 Minuten bei mittlerer Hitze kochen lassen.
4. Anschließend Rosenkohl und Süßkartoffeln hinzufügen und für weitere 10 Minuten köcheln.
5. Die fertiggegarte Quinoa kommt nun in die Pfanne und wird gut vermischt.
6. In einer Schüssel mit Mandeln und Preiselbeeren servieren und genießen.

Guten Appetit. :-)

Kichererbsen Bowl

Zubereitungsdauer

20 Minuten

Zutaten für 2 Personen

400g Kichererbsen | **2 große** Tomaten | **2EL** Olivenöl | **1** Zwiebel | Koriander | Petersilie | **1** Zitrone

---

Zubereitung

1. Koriander und Zwiebel kleinhacken und gemeinsam mit allen Zutaten miteinander verrühren.
2. Zitrone ausdrücken und nochmal ordentlich vermischen und zerdrücken, damit das Dressing besser aufgenommen wird.
3. Dressing in eine Schüssel geben und servieren.

Guten Appetit. :-)

Tomaten Bowl

Zubereitungsdauer

20 Minuten

Zutaten für 2 Personen

250g halbierte Cocktailtomaten | **2** Zwiebeln (geschnitten)
Dressing: 1 Zwiebel (in Essig getunkt) | **2EL** Olivenöl | **2TL** Weißweinessig |
½ TL Dijon Senf | **1 Prise** Puderzucker | **50g** Brunnenkresse

---

Zubereitung

1. Eine Antihaft Bratpfanne auf hohe Stufe stellen und die Zwiebel in zwei Hälften schneiden und in der Pfanne für knappe 3 Minuten beidseitig anbraten.
2. Dann die halbierten Tomaten 1 Minute lang in der Pfanne erhitzen bis sie weich geworden sind. Diese dann gemeinsam mit den Zwiebeln bei Seite stellen.
3. Für das Dressing alle Zutaten miteinander vermischen und je nach Belieben mit Salz und Pfeffer würzen.
4. Anschließend Zwiebeln, Tomaten und die Brunnenkresse in einer Schüssel stapeln, Dressing kurz durchschütteln und den Salat mit dem Dressing verfeinern und servieren.

Guten Appetit. :-)

Pasta Bowl

Zubereitungsdauer

20 Minuten

Zutaten für 2 Personen

250g Nudeln | **150g** gefrorene Erbsen | **einige** Petersilien Blätter | **etwas** Schnittlauch (geschnitten) | Saft einer Zitrone | **2EL** Olivenöl

---

Zubereitung

1. Nudeln ganz gewöhnlich kochen und in den letzten zwei Minuten die Erbsen mit hinzugeben.
2. Dann das Ganze abtropfen lassen und mit kaltem Wasser abspülen.
3. Die Kräuter und die Zitronenschale kleinhacken und gemeinsam mit dem Zitronensaft, dem Olivenöl und etwas Salz und Pfeffer in einer Schüssel ordentlich miteinander vermischen.
4. Das Ganze abdecken, abkühlen lassen und servieren.

Guten Appetit. :-)

Weißfischfilet Bowl

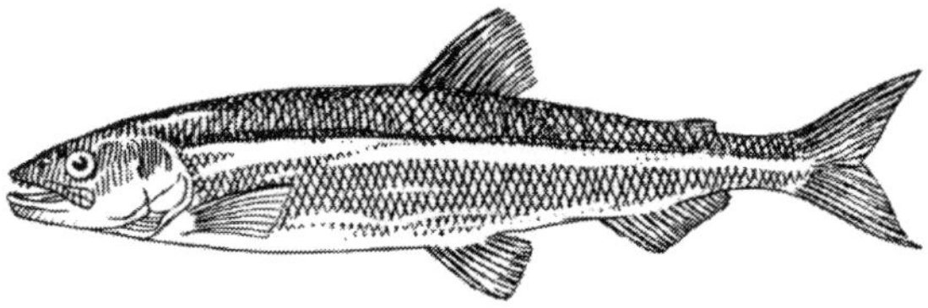

Zubereitungsdauer

20 Minuten

Zutaten für 4 Personen

4 Weißfischfilets (grätenlos) | **400g** Tomaten | **200g** schwarze Oliven | **1 Bund** gehackte Petersilien | **1** Zitrone und Zwiebel

---

Zubereitung

1. Backofen auf 180°C vorheizen.
2. Eine ofenfeste Pfanne mit 1EL Öl aus den Oliven erhitzen und die kleingehackte Zwiebel anbraten.
3. Jetzt die kleingehackten Tomaten hinzufügen und mit Salz und Pfeffer würzen.
4. Köcheln lassen und die kleingehackten Oliven hinzufügen.
5. Fisch mit der Hautseite nach unten auf die Sauce legen und für 15 Minuten unbedeckt garen lassen.
6. Zum Schluss mit der Petersilie bestreuen und Zitronenschnitzen garnieren.

Guten Appetit. :-)

Thunfisch Bowl

Zubereitungsdauer

15 Minuten

Zutaten für 2 Personen

400g Cannellini Bohnen | **200g** Gelbflossenthun-Steak | **jeweils 2EL** Kapern und Estragon | **jeweils 1EL** Olivenöl und Rotweinessig | **1 Bund** Spargel

---

Zubereitung

1. Spargel werden für 5 Minuten in einer großen Pfanne mit kochendem Wasser weichgegart. Anschließend abtropfen und abkühlen lassen.
2. Spargel nun in fingerlange Stücke hacken und gemeinsam mit den Bohnen, Zwiebeln, Kapern und den Thunfisch in einer Schüssel vermischen.
3. Anschließend Estragon, Essig und das Öl miteinander vermengen und über den Salat geben.
4. Das Ganze kaltstellen und dann servieren.

Guten Appetit. :-)

Sardinen Bowl

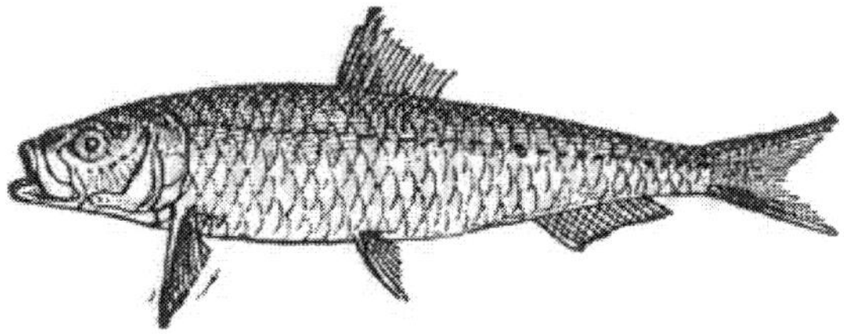

Zubereitungsdauer

15 Minuten

Zutaten

130 Sardinen | **100g** Salatblätter | **jeweils 1EL** Olivenöl, Rotweinessig und Kapern | **30g** schwarze Oliven (grob gehackt)

Zubereitung

1. Als erstes werden die Salatblätter in der Schüssel verteilt.
2. Anschließend die Kapern und Oliven drüber verstreuen.
3. Die Sardinen ganz grob aufmachen und ebenfalls auf die Salatblätter geben.
4. Zum Schluss mit dem Rotweinessig und dem Olivenöl beträufeln.

Guten Appetit. :-)

SNACKS & DESSERTS

Grissini

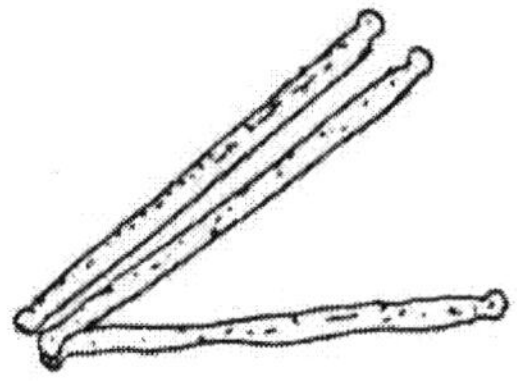

Zubereitungsdauer

10 Minuten

Zutaten für 1 Person

7 Stangen Grissini (italienisches Knabbergebäck) | **3 Scheiben** Parmaschinken | **2 Scheiben** Putenbrust mit Spargel Aufschnitt | **2 Scheiben** Brennnessel Käse | **jeweils 10** Kirschpaprika und Oliven mit Mandeln | Rosmarin

---

Zubereitung

1. Die Grissini Stangen werden abwechselnd mit der Putenbrust, Parmaschinken und dem Brennnessel Käse umwickelt.
2. Die Kirschpaprika und Oliven abtropfen lassen und auf einer Platte anrichten und mit den Rosmarinzweigen garnieren.

Guten Appetit. :-)

Schokotörtchen Tasse

Zubereitungsdauer

5 Minuten

Zutaten für 1 Person

4 Stücke Zartbitterschokolade | **2EL** Butter | **2EL** Milch | **1** Ei | **3EL** Mehl

---

Zubereitung

1. Die Schokolade grob zerhacken und gemeinsam mit der Butter in einer Tasse für 30 Sekunden bei 600 Watt in der Mikrowelle schmelzen lassen.
2. Anschließend die Milch hinzugeben und mit der Masse vermengen.
3. Dann das Ei verquirlen und gemeinsam mit dem Mehl in die Schokomasse hineinmischen.
4. Das Ganze dann erneut für 30 Sekunden bei 800 Watt in der Mikrowelle backen lassen.

Guten Appetit. :-)

Gemüse Snack

Zubereitungsdauer

5 Minuten

Zutaten für 1 Person

200g geputztes Gemüse (z.B. Kohlrabi, Möhre, Salatgurke oder Radieschen) | **1** kleine Tomate | **1** Mehrkornbrötchen | **1EL** leichte Salatcreme | **1** Salatblatt | **1 Scheibe** fettarmer Käse | **etwas** Schnittlauch

---

Zubereitung

1. Das Gemüse ordentlich waschen und kleinschneiden.
2. Das Mehrkornbrötchen längs halbieren und mit der Salatcreme bestreichen.
3. Tomate in feine Scheiben schneiden und gemeinsam mit dem Salatblatt und dem Käse belegen.
4. Den Schnittlauch feinhacken und darüber streuen.
5. Mit dem Gemüse servieren und genießen.

Guten Appetit. :-)

Schinken Mozzarella

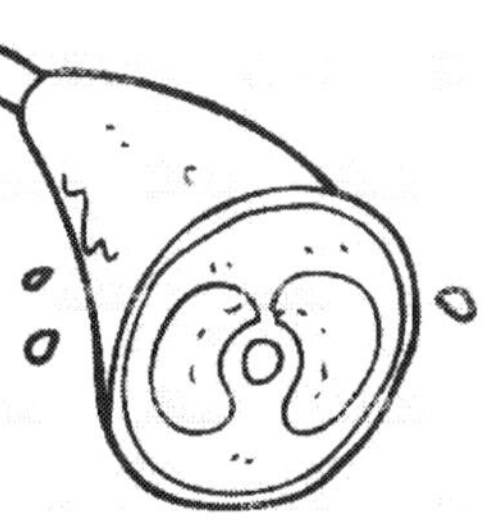

Zubereitungsdauer

15 Minuten

Zutaten für 4 Personen

750g Babyspinat | **4 Scheiben** Schwarzwälder Schinken |
2 Kugeln Mozzarella (à 125 g) | **jeweils 1** Zwiebel und Knoblauchzehe |
2EL Öl | **1 Prise** Salz, Pfeffer und Muskat

Zubereitung

1. Die Spinatblätter ordentlich waschen, verlesen und abtropfen lassen.
2. Die Zwiebel und Knoblauchzehe schälen, kleinhacken und in einer öligen Pfanne andünsten.
3. Anschließend die Spinatblätter hinzugebe und mit geschlossenem Deckel in sich zusammenfallen lassen.
4. Jeweils eine Prise Salz, Pfeffer und Muskat hinzufügen.
5. Die Mozzarella Kugeln längs halbieren, jedes Stück ein wenig pfeffern und mit jeweils einer Scheibe Schinken umwickeln.
6. Die Mozzarellapäckchen in einer öligen Pfanne für 2-3 Minuten anbraten und mit dem Babyspinat anrichten.

Guten Appetit. :-)

Spicy Nüsse

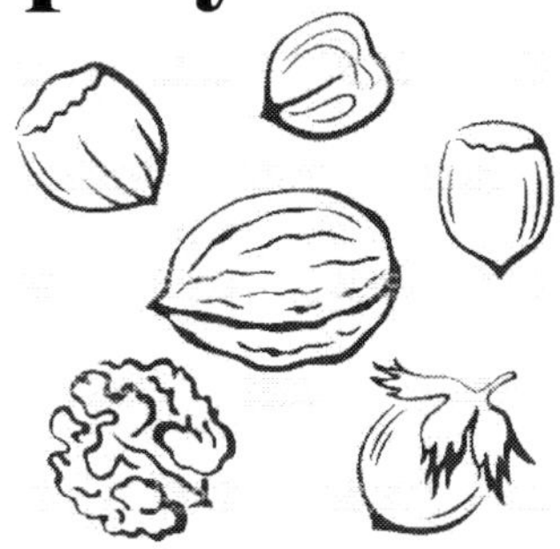

Zubereitungsdauer

40 Minuten

Zutaten für 2 Personen

100g Nussmischung (Cashew, Walnuss, Mandel) | **500ml** Öl zum Frittieren | **2** Eier | **4EL** Polenta Maisgrieß | **4EL** Speisestärke | **jeweils 2EL** Currypulver und Edelsüßpaprika | **1 Prise** Salz und Zucker

---

Zubereitung

1. Die Eier in eine Schüssel aufschlagen und mit dem Grieß, Speisestärke, einer Prise Salz und Pfeffer vermengen.
2. Das Öl in einen großen Topf geben und auf 160°C erhitzen.
3. Die Nüsse werden nun durch die Grießmasse mit Hilfe einer Gabel durchgezogen, am Schüsselrand abgestreift und portionsweise im heißen Öl für ca. 5 Minuten goldbraun gebacken.
4. Die Nüsse mit einer Schaumkelle herausnehmen und das Öl von sich auf Küchenpapier abtropfen lassen.
5. Die heißen Nüsse im Curry- und im Paprikapulver wälzen, auskühlen lassen und luftdicht, trocken lagern.

Guten Appetit. :-)

Candy Snack Bites

Zubereitungsdauer

5 Minuten

Zutaten für 4 Personen

200g Zucker | **100g** salzige Knabbereien (z.B. Popcorn oder geröstete und -ge-salzene Pistazienkerne ohne Schale) | **2TL** Natron

---

Zubereitung

1. Eine 20x30cm große Backofenform mit Backpapier auslegen.
2. Zucker in einen Topf geben und bei leichter Hitze karamellisieren lassen, vom Herd nehmen und das Natron schnell unterrühren.
3. Diese Zuckermasse nun in die Backofenform gießen und die salzigen Knabbereien darauf verteilen.
4. Das Ganze auskühlen lassen und anschließend in mundgerechte Stücke brechen.

Guten Appetit. :-)

Orangen Snack

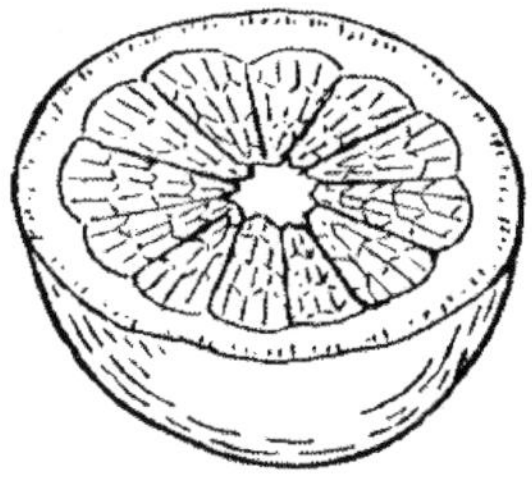

Zubereitungsdauer

5 Minuten

Zutaten für 4 Personen

1 große Orange | **5** schwarze Oliven | **1EL** Olivenöl | **2EL** Limettensaft | **1 Prise** Pfeffer

---

Zubereitung

1. Orangen schön ordentlich schälen, so dass auch die weiße, innere Haut vollständig entfernt wird.
2. Die Orange nun in feine Scheiben schneiden und einen flachen Teller mit den Scheiben belegen.
3. Die schwarzen Oliven vierteln und über die Orangenscheiben verteilen.
4. Zu guter Letzt mit dem Öl, Pfeffer und dem Limettensaft verfeinern.

Guten Appetit. :-)

Feigen Käse Snack

Zubereitungsdauer

10 Minuten

Zutaten für 4 Personen

8 Feigen | **300g** Ricotta Käse | **200g** Frischkäse (16% Fett) | **120g** Zucker | Zitronenmelisse | **1** Vanilleschote | **5g** Mandeln Blättchen

---

Zubereitung

1. Feigen waschen, trocknen, den Deckel der Feigen entfernen bzw. abschneiden und das Fruchtfleisch herauslöffeln.
2. Die Mandeln in einer unbefetteten Pfanne rösten und beiseitestellen.
3. Vanilleschote längs halbieren und das Mark herausschaben.
4. Nun wird das Mark gemeinsam mit dem Frischkäse, der Ricotta und dem Zucker vermengt. Ein Viertel dieser Masse wird in einen Spritzbeutel mit Sterntülle befüllt.
5. Die restlichen ¾ der Masse mit der Hälfte vom Feigenfruchtfleisch verrühren und damit die Feigenschalen befüllen.
6. Die andere Hälfte des Fruchtfleisches als Haube auf die Feigen mit dem Spritzbeutel spritzen.
7. Die befüllten Feigen auf einer Platte anrichten und mit den Mandeln Blättchen bestreuen.
8. Zu guter Letzt mit der Zitronenmelisse und den Feigendeckeln garnieren.

Guten Appetit. :-)

Birnenzauber

Zubereitungsdauer

5 Minuten

Zutaten für 1 Person

1 reife Birne | **1** Ei | **50ml** Milch | **2EL** Honig | **1TL** Zimtpulver

---

Zubereitung

1. Als erstes wird das Ei mit einer Gabel aufgeschlagen und verquirlt.
2. Birne abwaschen, schälen, halbieren, entkernen und anschließend kleinwürfeln.
3. Dann werden die Birnenstücke mit dem Ei, Honig, Zimt und der Milch verrührt.
4. Die Mischung in zwei Tassen aufteilen und für 7 Minuten bei 800 Watt backen lassen.

Guten Appetit. :-)

Choco Cookies

Zubereitungsdauer

5 Minuten

Zutaten für 1 Person

50g Butter | **10 Stücke** Haselnussschokolade |
2 Gläser Mehl | **1** Ei | **1 Glas** Zucker | Puderzucker

Zubereitung

1. Die Butter in einem Glas für 30 Sekunden bei 600 Watt in der Mikrowelle zum Schmelzen bringen.
2. Die geschmolzene Butter mit dem Mehl, Ei und dem Zucker verrühren bis eine cremige Masse entsteht.
3. Aus der Masse nun kleine Cookies formen, auf einen mit Backpapier ausgelegtem Teller draufsetzen und mit der kleingehackten Schokolade bestreuen.
4. Alle Cookies nun für 3 Minuten bei 800 Watt in der Mikrowelle backen und am Ende mit dem Puderzucker bestreuen.

Guten Appetit. :-)

Caramel Banana

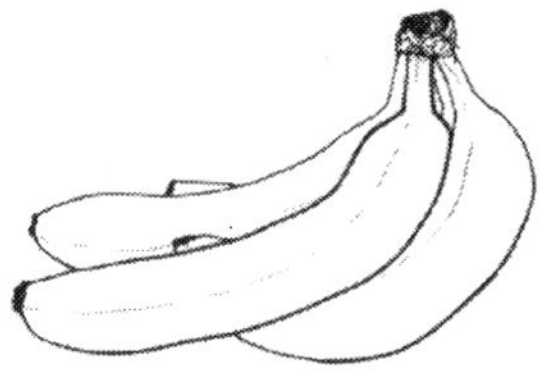

Zubereitungsdauer

5 Minuten

Zutaten für 1 Person

1 Banane | **1 Handvoll** süßes Popcorn | **1EL** Zucker

Zubereitung

1. Die Banane samt der Schale längs in zwei Hälften schneiden und beide Hälften nebeneinander in eine Ofentaugliche Auflaufform legen. Das Fruchtfleisch muss dabei nach oben zeigen.
2. Die Banane nun mit dem Zucker bestreuen und für 15 Minuten im Ofen bei 230°C in der Grillfunktion backen.
3. Anschließend das Popcorn zerkleinern und auf die Bananen bestreuen.

Guten Appetit. :-)

Choco Brownies

Zubereitungsdauer

5 Minuten

Zutaten für 2 Personen

1 Tafel Haselnussschokolade | **70g** Butter | **1** Ei | **½ Glas** Mehl

---

Zubereitung

1. Die Haselnussschokolade wird grob zerhackt und gemeinsam mit der Butter in einer Schüssel für 3 Minuten bei 600 Watt in der Mikrowelle zum Schmelzen gebracht.
2. Anschließend das Mehl und das verquirlte Ei unterrühren.
3. Am besten eine Rechteckige Form bzw. ein Teller mit Backpapier auslegen und die Schokomasse darauf gleichmäßig verteilen.
4. Das Ganze für 10 Minuten bei 230°C im Ofen backen und anschließend in kaltem Zustand in Brownies schneiden.

Guten Appetit. :-)

Apricot Crumble

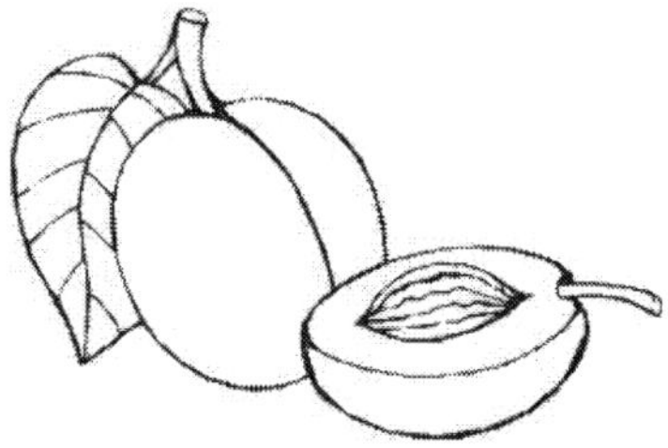

Zubereitungsdauer

5 Minuten

Zutaten für 3 Personen

6 Aprikosen | **4EL** Zucker | **75g** weiche Butter | **6EL** Mehl

---

Zubereitung

1. Die Butter in feine Stücke schneiden und mit dem Mehl und dem Zucker vermengen. Diese Masse verkneten wir nun per Fingerspitzen zu Streuseln.
2. Die sechs Aprikosen ordentlich waschen, in zwei Hälften schneiden und entkernen.
3. Die Aprikosenhälften nebeneinander in eine Auflaufform legen und mit dem Streuseln bestreuen.
4. Das Ganze dann für 35 Minuten bei 230°C Ober- und Unterhitze im Ofen backen.

Guten Appetit. :-)

Erdbeeren Blätterteigschnecke

Zubereitungsdauer

5 Minuten

Zutaten für 1 Person

1 Rolle rechteckiger Blätterteig | **1EL** Erdbeeren Konfitüre | **1 Glas** Mandelblättchen

---

Zubereitung

1. Der Blätterteig wird auf einem mit Backpapier ausgelegtem Backblech ausgerollt.
2. Diesen mit der Konfitüre bestreichen und mit den Mandelblättchen belegen. Für die Garnitur einige Mandelblättchen beiseitelegen.
3. Anschließend den Teig fest aufrollen, in ca. 8 gleichmäßig große Scheiben schneiden und nebeneinander im Backblech platzieren.
4. Das Ganze dann nochmal mit den restlichen Mandeln bestreuen und für 30 Minuten bei 230°C Ober- und Unterhitze im Ofen backen.

Guten Appetit. :-)

Zitronenscheibchen Tarte

Zubereitungsdauer

5 Minuten

Zutaten für 2 Personen

3 Zitronen | **1** süßer Mürbeteig (rechteckig aus dem Kühlregal) | **100g** Butter | **4** Eier | **100g** Zucker | Puderzucker

Zubereitung

1. Die Butter in ein Glas geben und für 3 Minuten bei 600 Watt in der Mikrowelle zum Schmelzen bringen.
2. Anschließend mit den Eiern, dem Zucker und den Saft von zwei Zitronen vermengen.
3. Den Teig auf einen mit Backpapier ausgelegtem Backblech auseinanderrollen und darauf die Masse gießen.
4. Die übriggebliebene Zitrone in feine Scheiben schneiden und ebenfalls auf den Teig setzen.
5. Das Ganze dann für 20 Minuten bei 230°C Ober- und Unterhitze im Ofen backen.
6. Herausnehmen und mit dem Puderzucker bestreuen.

Guten Appetit. :-)

Süße Apfelschnecken

Zubereitungsdauer

5 Minuten

Zutaten für 1 Person

1 Rolle Blätterteig aus dem Kühlregal (rechteckig) | **1** Apfel | **2EL** Zucker

---

Zubereitung

1. Apfel ordentlich waschen, entkernen und in feine Spalten schneiden.
2. Jetzt den Teig ausrollen und mit nur einem Esslöffel Zucker bestreuen. Den Teig dann in 8 Streifen schneiden.
3. Anschließend wird jeder Streifen mit den Apfelspalten belegt und fest aufgerollt, so dass nichts auseinanderfällt.
4. Die Schnecken nun mit dem restlichen Zucker bestreuen und auf ein mit Backpapier ausgelegtes Ofen Rost setzen.
5. Das Ganze für 25 Minuten bei 230°C Ober- und Unterhitze im Ofen backen.

Guten Appetit. :-)

Schokotörtchen

Zubereitungsdauer

5 Minuten

Zutaten für 3 Personen

30 kleine Rechteckstücke Zartbitterschokolade | **80g** weiche Butter | **1** Ei | **3EL** Mehl

---

Zubereitung

1. Bevor die Schokolade grob kleingehackt wird, legen wir 4 Stücke beiseite. Die kleingehackten Schokoladenstücke gemeinsam mit der Butter in einem Glas für 3 Minuten bei 600 Watt in der Mikrowelle zum Schmelzen bringen.
2. Anschließend wird das Mehl und Ei hineingemischt.
3. Den Schokoteig auf zwei Tassen aufteilen und jeweils zwei Schokostücken in die Mitte stecken.
4. Das Ganze für 10 Minuten bei 230°C Ober- und Unterhitze im Ofen backen.

Guten Appetit. :-)

Apfelspalten Auflauf

Zubereitungsdauer

5 Minuten

Zutaten für 2 Personen

1 Apfel | **250ml** Milch | **1 Glas** Zucker | **1** Ei | **4 Scheiben** Brioche (Hefegebäck)

Zubereitung

1. Als erstes wird das Ei mit einer Gabel verquirlt und mit dem Zucker und der Milch vermengt.
2. Die vier Scheiben Brioche halbieren und in der Milch einweichen lassen.
3. Währenddessen den Apfel ordentlich waschen und in feine Spalten schneiden.
4. Die Apfelspalten gemeinsam mit der Milch und den Brioche Hälften in eine Auflaufform geben und für 30 Minuten bei 230°C Ober- und Unterhitze im Ofen backen lassen.

Guten Appetit. :-)

Orangen Crêpes

Zubereitungsdauer

5 Minuten

Zutaten für 2 Personen

4 Crêpes | **200ml** Orangensaft | **15 Stücke** Würfelzucker

Zubereitung

1. Den Orangensaft gemeinsam mit den Würfelzuckerstücken in einer Pfanne bei hoher Temperatur für 5 Minuten kochen lassen.
2. Anschließend die Temperatur herunterschalten und die Crêpes im Orangensud für 3-5 Minuten erwärmen.
3. Die Crêpes so lange mit dem Sud begießen bis sie ordentlich karamellisiert sind.

Guten Appetit. :-)

Tiramisu Classic

Zubereitungsdauer

20 Minuten

Zutaten für 6 Personen

200g Löffelbiskuits | **150ml** kalter Kaffee | **500g** Magerquark | **3** Eier | **5EL** Zucker | **2EL** Kaffeelikör | **2EL** Kakaopulver | **100ml** Sahne

---

Zubereitung

1. Die Eier trennen und das Eiweiß ordentlich mit einem Rührbesen steif schlagen.
2. Anschließend Eigelb, Zucker und den Magerquark schaumig schlagen. Die Sahne ebenfalls ordentlich verrühren und schaumig schlagen. Eiweiß und Sahne in die Quarkmasse rühren. Den Kaffeelikör mit dem kalten Kaffee vermengen.
3. Quarkcreme auf den Boden einer Auflaufform streichen. Die Biskuits in dem Kaffee tunken und auf die Quarkcreme legen.
4. Anschließend werden die Biskuits von der Creme bedeckt und dann wieder erneut neue Biskuits auf die Creme gelegt. Das wird solange abwechselnd beschichtet bis die Zutaten aufgebraucht sind. Die oberste Schicht muss aber aus der Creme bestehen.
5. Das Ganze anschließend für 4 Stunden im Kühlschrank kaltstellen, mit Kakao bestäuben und servieren.

Guten Appetit. :-)

Heidelbeeren Baileys Tiramisu

Zubereitungsdauer

20 Minuten

Zutaten für 6 Personen

500g Magerquark | **250g** Naturjoghurt | **200g** Mandelbiscotti | **5EL** Zucker | **8EL** Baileys | **300g** Heidelbeeren | **1TL** Zimt

---

Zubereitung

1. Den Naturjoghurt, Magerquark und den Zucker in eine Schüssel geben und mit einem Rührbesen etc. miteinander verrühren. Anschließend den Baileys in eine Schale abfüllen.
2. Den Auflaufformboden mit der Quarkcreme bedecken, die Biscotti in den Likör tunken und auf die Quarkcreme legen.
3. Anschließend die Heidelbeeren halbieren und eine kleine Handvoll der Heidelbeeren über den Biscotti geben und erneut mit der Creme bestreichen.
4. Das Ganze solange abwechselnd beschichten bis die Zutaten ausgebraucht sind. Die oberste Schicht muss aber aus den Beeren bestehen.
5. Für 4 Stunden kaltstellen und mit Zimt servieren.

Guten Appetit. :-)

Kaiserschmarren

Zubereitungsdauer

20 Minuten

Zutaten für 2 Personen

125ml Milch | **100g** Mehl | **2EL** Zucker | **3** Eier |
2EL Rosinen | **1EL** Puderzucker | **1TL** Butter |

Zubereitung

1. Die Eier trennen und die Eiweiße mit einem Handrührgerät ordentlich steif schlagen.
2. Ebenfalls werden die Eigelbe gemeinsam mit dem Zucker in einer Schüssel schaumig geschlagen.
3. Mehl, Rosinen und Milch werden untergerührt und das Eiweiß untergehoben.
4. Anschließend wird der Teig in eine mit Butter befettete Pfanne hineingegeben und für paar Minuten bei mittlerer Temperatur stocken gelassen.
5. Sobald die untere Seite leicht braun ist, wird der Teig halbiert, gewendet, in kleine Stücke gerissen und gar gebacken.
6. Das Ganze auf den Tellern verteilen und schlussendlich mit dem Puderzucker bestreuen.

Guten Appetit. :-)

Pancakes Classic

Zubereitungsdauer

20 Minuten

Zutaten für 2 Personen

200ml Milch | **100g** Mehl | **2** Eier | **1 Prise** Salz | Butter

Zubereitung

1. Die Milch gemeinsam mit den Eiern, Mehl und dem Salz in einer Schüssel zu einem glatten Teig vermengen.
2. Anschließend eine Kelle in eine mit Butter befetteten Pfanne geben und ausbreiten lassen.
3. Die Pancakes werden nun bei mittlerer Hitze goldbraun beidseitig gebacken.
4. Das Ganze solange wiederholen bis der Teig komplett ausgebraucht ist.

Guten Appetit. :-)

Milchreis Basisrezept

Zubereitungsdauer

25 Minuten

Zutaten für 2 Personen

500ml Milch | **100g** Milchreis | **2EL** Zucker

Zubereitung

1. Die Milch und den Zucker in einen Topf geben und bei mittlerer Hitze zum Köcheln bringen.
2. Anschließend wird der Reis unterrührt und bei geringer Temperatur unter gelegentlichem Rühren für ca. 15-20 Minuten köcheln gelassen. Am Ende muss die ganze Milch aufgekocht und der Reis weich sein.

Guten Appetit. :-)

Risotto Orientalisch

Zubereitungsdauer

25 Minuten

Zutaten für 2 Personen

1 Milchreis Basisrezept | **250ml** Kokosmilch | **4** Gewürznelken | **8** getrocknete Datteln | **8** getrocknete Mandeln

---

Zubereitung

1. Als erstes das Milchreis Basisrezept zubereiten. Dabei achten, dass man die Hälfte der Milch mit der Kokosmilch ersetzt und noch die Gewürznelken miteinkocht.
2. Anschließend werden die Datteln entkernt, in kleine Stücke geschnitten und mit in den gegarten Milchreis gegeben.
3. Die Mandeln werden grob gehackt und über den Risotto bestreut.

Guten Appetit. :-)

Schoko Risotto

Zubereitungsdauer

25 Minuten

Zutaten für 2 Personen

1 Milchreis Basisrezept | **50g** weiße Schokolade | **2 Scheiben** Honigkuchen

---

Zubereitung

1. Als erstes das Milchreis Basisrezept zubereiten.
2. Anschließend wird die weiße Schokolade fein gerieben und unter den Milchreis gerührt.
3. Honigkuchen kleinwürfeln und in einer Pfanne ohne Fett von allen Seiten bei mittlerer Hitze knusprig anbraten.
4. Zu guter Letzt den Milchreis auf dem Teller verteilen und mit dem Croûtons bestreuen.

Guten Appetit. :-)

Apfelmus Karamellreis

Zubereitungsdauer

25 Minuten

Zutaten für 2 Personen

1 Milchreis Basisrezept | **2** Äpfel | **1TL** Zucker | **½ TL** gemahlener Zimt | **2EL** brauner Zucker

---

Zubereitung

1. Als erstes das Milchreis Basisrezept zubereiten und dann den Backofen auf 250°C Oberhitze vorheizen.
2. Äpfel schälen, entkernen, kleinwürfeln und gemeinsam mit dem Zimt, Zucker und 3EL Wasser in einen Topf geben und für 10 Minuten bei geringer Temperatur weichkochen.
3. Anschließend wird das Mus auf feuerfeste Förmchen verteilt. Dann wird der Reis darüber gegeben und mit dem braunen Zucker verfeinert.
4. Das Ganze wird nun für 6-8 Minuten auf der obersten Schicht im Backofen gebacken.
5. Herausnehmen, servieren und genießen.

Guten Appetit. :-)

Honig Parfait

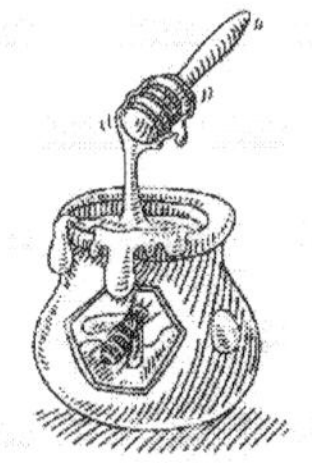

Zubereitungsdauer

15 Minuten

Zutaten für 2 Personen

300g Kochsahne | **2** Eier | **2** Feigen | **4EL** Honig | **2 Zweige** Rosmarin

---

Zubereitung

1. Die Eier trennen und die Eiweiße mit einem Handrührgerät oder einen Stabmixer ordentlich steif schlagen.
2. Kochsahne gemeinsam mit 1EL Honig und den Eigelben in eine Schüssel geben und schaumig schlagen. Die steifgeschlagene Eiweißmasse heben wir dann darunter.
3. Das Ganze wird dann in eine Form abgefüllt und für mindestens 4 Stunden in eine Tiefkühltruhe kaltgestellt.
4. Restlichen Honig mit den Rosmarinzweigen in einem Topf kurz erhitzen und mit dem kaltgestellten Parfait in einem Teller anrichten.
5. Zu guter Letzt die Feigen vierteln, auf das Parfait geben und genießen.

Guten Appetit. :-)

Brombeereis

Zubereitungsdauer

15 Minuten

Zutaten für 2 Personen

250g Magerquark | **250g** Brombeeren | **3EL** Zucker | **½ Bund** Minze

---

Zubereitung

1. Die Brombeeren gemeinsam mit dem Magerquark und 1EL Zucker in eine Schüssel geben, mit einem Stabmixer ordentlich durchmixen und anschließend für ca. 30 Minuten ins Gefrierfach stellen.
2. Währenddessen die Minzblätter feinhacken und mit dem restlichen 2EL Zucker in einer Schüssel vermengen.
3. Das kaltgestellte Brombeereis herausnehmen, auf einem Teller anrichten und mit dem Minzzucker servieren.

Guten Appetit. :-)

Brötchen Apfel Auflauf

Zubereitungsdauer

30 Minuten

Zutaten für 2 Personen

3 altbackene Weizenbrötchen | **300ml** Milch | **2** Äpfel | **2** Eier | **3EL** Zucker | **2EL** Rosinen

---

Zubereitung

1. Backofen auf 180°C Ober- und Unterhitze vorheizen.
2. Äpfel schälen, entkernen und in dünne Spalten schneiden. Die Weizenbrötchen ebenfalls in dünne Scheiben schneiden.
3. Die Milch, Eier und 2EL Zucker in eine Schüssel geben und mit einem Handrührgerät durchmixen.
4. Anschließend werden die Brot- und Apfelscheiben abwechselnd in eine Auflaufform gelegt und mit den 2EL Rosinen bestreut.
5. Nun wird die durchgemixte Eimischung darüber gegossen und mit dem restlichen Zucker bestreut.
6. Das Ganze nun für 45 Minuten bei 180°C Ober- und Unterhitze backen.
7. Herausnehmen, servieren und genießen.

Guten Appetit. :-)

Cupcakes Basisrezept

Zubereitungsdauer
60 Minuten

Zutaten für 6 Cupcakes
150g Mehl | **100ml** Milch | **2** Eier | **4EL** Zucker | **70g** Margarine | **1 Päckchen** Backpulver

---

Zubereitung

1. Backofen auf 180°C Ober- und Unterhitze vorheizen.
2. Margarine, Zucker und Eier in eine Schüssel geben und mit einem Handrührgerät ordentlich schaumig schlagen.
3. Mehl, Backpulver und Milch hinzufügen und zu einem glatten Teig verrühren.
4. Anschließend wird ein Muffinblech mit Papierförmchen ausgelegt und der Teig darin verteilt.
5. Das Ganze für 25 Minuten bei der mittleren Schiene backen, herausnehmen, kühl stellen und mit einer jeweiligen Creme aus den folgenden Rezepten servieren.

Guten Appetit. :-)

Blaubeersahne Cupcakes

Zubereitungsdauer

60 Minuten

Zutaten für 6 Cupcakes

1 Cupcakes Basisrezept | **200ml** Sahne | **125g** Blaubeeren | **1TL** Zucker | **1 Päckchen** Sahnesteif

---

Zubereitung

1. Cupcakes wie aus dem Basisrezept zubereiten.
2. Anschließend den Zucker gemeinsam mit der Sahne und dem Sahnesteif ordentlich steif schlagen.
3. Die Blaubeersahne dann schön dekorativ auf den Cupcakes verteilen und mit den Blaubeeren anrichten.

Guten Appetit. :-)

Schoko-Himbeeren Cupcakes

Zubereitungsdauer

60 Minuten

Zutaten für 6 Cupcakes

1 Cupcakes Basisrezept | **200g** Mascarpone | **100g** Zartbitterschokolade | **30g** Puderzucker | **1EL** Himbeerkonfitüre | **6** Himbeeren

---

Zubereitung

1. Cupcakes wie aus dem Basisrezept zubereiten. Mit der Ausnahme, dass man die Zartbitterschokolade zum Schmelzen bringt und mit in den Teig mischt.
2. Anschließend wird der Puderzucker gesiebt und mit der Konfitüre und der Mascarpone verrührt.
3. Das stellen wir dann für 20 Minuten in den Kühlschrank und verteilen es schön dekorativ auf den Cupcakes drauf.
4. Himbeeren hinzufügen und genießen.

Guten Appetit. :-)

Orangen Rübli Cupcakes

Zubereitungsdauer

60 Minuten

Zutaten für 6 Cupcakes

1 Cupcakes Basisrezept | **200g** Mascarpone | **50g** Puderzucker | **2EL** gemahlene Haselnusskerne | ½ Bio Orange | **1** Möhre

---

Zubereitung

1. Cupcakes wie aus dem Basisrezept zubereiten.
2. Die Möhre schälen, fein raspeln und gemeinsam mit den gemahlenen Haselnusskernen ordentlich in dein Teig mischen.
3. Anschließend die Schale der Orange abreiben und den Puderzucker sieben.
4. Der Orangenabrieb gemeinsam mit dem abgesiebten Puderzucker in den Mascarpone rühren und ca. 20 Minuten im Kühlschrank kaltstellen.
5. Zu guter Letzt die Creme schön dekorativ auf den Cupcakes verteilen und genießen.

Guten Appetit. :-)

Low Fat Chips

Zubereitungsdauer

15 Minuten

Zutaten für 1 Person

1 festkochende Kartoffel | **2EL** Olivenöl | **1 Prise** Salz

---

Zubereitung

1. Kartoffel waschen und samt Schale in feine Scheiben schneiden.
2. Die dünnen Kartoffelscheiben auf ein mit Backpapier ausgelegtes Backblech, welches mit dem Öl eingefettet wurde drauflegen.
3. Anschließend noch ein weiteres Backpapier einölen, mit der befetteten Seite auf die Chips legen und oben drauf noch einmal ein Backblech setzen.
4. Das Ganze für 20 Minuten bei 180°C Ober- und Unterhitze im Backofen backen lassen.
5. Herausnehmen, salzen und genießen.

Guten Appetit. :-)

Käse Chips

Zubereitungsdauer

15 Minuten

Zutaten für 1 Person

200g Rahm Limburger (50% Fett)

Zubereitung

1. Den Käse in kleine Scheiben schneiden und den Backofen auf 200°C Umluft vorheizen.
2. Anschließend die Käsescheiben auf ein mit Backpapier ausgelegtes Backblech legen und im Backofen für 10-12 Minuten in der untersten Schiene backen.
3. Herausnehmen und genießen.

Guten Appetit. :-)

Gemüse Chips

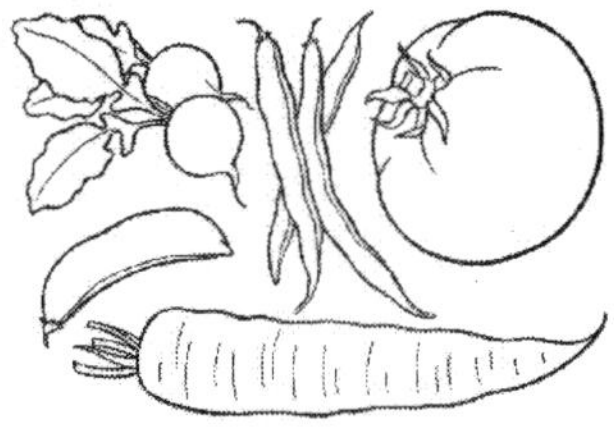

Zubereitungsdauer

15 Minuten

Zutaten für 1 Person

1 Möhre | **1** rote Beete | **1** Rettich | **2EL** Olivenöl

---

Zubereitung

1. Gemüse waschen, schälen und in hauchdünne Scheiben kleinschneiden.
2. Die Gemüsescheiben gemeinsam mit dem Olivenöl in eine Dose geben und durchschütteln, damit die Chips gut befettet werden.
3. Den Backofen auf 180°C Ober- und Unterhitze vorheizen.
4. Die Gemüsechips auf ein mit Backpapier ausgelegtes Backblech verteilen und für 20 Minuten im Backofen backen lassen, bis sie knusprig sind.
5. Herausnehmen und servieren.

Guten Appetit. :-)

Exotic Dessert

Zubereitungsdauer

10 Minuten

Zutaten für 2 Personen

1 Ananas | **Halbe Dose** Kokosmilch | **1TL** Agar | **2EL** Kuzu | **3EL** Reissirup | **10 Tropfen** Stevia | **1 Prise** Salz

---

Zubereitung

1. Die Ananas in vier Teile schneiden, den Mittelstrang herausnehmen und anschließend in mundgerechte Stücke schneiden.
2. Die Kokosmilch und die gleiche Menge an Wasser gemeinsam mit dem Agar, Kuzu, Reissirup, Stevia und Salz in einen Topf geben, ordentlich verrühren und bei mittlerer Hitze aufkochen lassen.
3. Anschließend die kleinen Ananasstücke hinzugeben und ebenfalls ein paar Minuten aufkochen lassen.
4. Zu guter Letzt alles in eine Schale geben und servieren.

Guten Appetit. :-)

Apple Couscous

Zubereitungsdauer

5 Minuten

Zutaten für 2 Personen

250ml Apfelsaft | **250ml** Wasser | **200g** Couscous | **2 große** Äpfel | Zitronensaft

---

Zubereitung

1. Apfelsaft und Wasser in einen Topf geben und aufkochen lassen.
2. Den Couscous in eine große Schale geben und mit dem aufgekochtem Apfelsaftwasser begießen und für ca. 5 Minuten quellen lassen.
3. Währenddessen die Äpfel waschen, schälen und in kleine Würfel schneiden.
4. Die Äpfelwürfel dann mit etwas Wasser und Zitronensaft dünsten lassen.
5. Anschließend werden die Äpfelwürfel unter den Couscous gehoben und serviert.

Guten Appetit. :-)

Birnen Milchreis

Zubereitungsdauer

25 Minuten

Zutaten für 2 Personen

100g Rundkornreis | **1** Birne | **1** Apfel | **500ml** Milch | **2TL** flüssiger Honig | **etwas** Zitronensaft

---

Zubereitung

1. Den Rundkornreis und die Milch in einen Topf geben, aufkochen und für 20 Minuten bei geringer Temperatur quellen lassen.
2. Die Birne und den Apfel waschen, schälen, entkernen und in kleine Stücke raspeln. Das Ganze dann mit Zitronensaft beträufeln und durchmischen.
3. Anschließend wird das Obst unter den Reis gemischt, mit dem Honig versüßt und gute 10 Minuten ruhen gelassen.
4. Servieren und genießen.

Guten Appetit. :-)

Walnuss Grießschmarrn

Zubereitungsdauer

25 Minuten

Zutaten für 2 Personen

300ml Milch | **150ml** Wasser | **300g** Weizengrieß | **4** Äpfel | **4EL** Walnüsse | **jeweils 2 Messerspitzen** Kakaopulver und Vanillezucker | **2TL** Butter | **1 Prise** Meersalz | **2EL** Honig |

Zubereitung

1. Die Milch und das Wasser in einen Topf geben, mit Salz würzen und aufkochen lassen.
2. Anschließend Weizengrieß hinzufügen, durchrühren und mit dem Vanillezucker verfeinern. Solange ziehen lassen, bis nichts mehr von der Flüssigkeit übrig ist.
3. Währenddessen die Äpfel waschen, schälen, entkernen und in feine Scheiben schneiden. Die Walnüsse ordentlich klein hacken.
4. Die Walnüsse gemeinsam mit den Apfelscheiben in einer mit Butter befetteten Pfanne andünsten, den Weizengrieß dazugeben und gut durchschwenken lassen.
5. Mit Kakao bestreuen, dem Honig verfeinern und das Ganze im heißen Zustand servieren.

Guten Appetit. :-)

Haselnuss Pudding

Zubereitungsdauer

20 Minuten

Zutaten für 2 Personen

200g Haselnuss Mus | **25g** gehackte Haselnüsse | **50g** Reis | **etwas** Reissirup | **5 Tropfen** Stevia | **1 Tasse** kalter Schwarztee | **1 Prise** Meersalz

---

Zubereitung

1. Backofen auf 180°C Ober- und Unterhitze vorheizen.
2. Alle Zutaten aus der Liste miteinander vermengen bis eine flüssige Masse entsteht.
3. Das Ganze in eine Auflaufform geben und für 15-20 Minuten im Backofen backen.

Guten Appetit. :-)

Mandel Reis Pudding

Zubereitungsdauer

20 Minuten

Zutaten für 2 Personen

4 Tassen gekochter Reis | **10 Tropfen** Stevia | **3EL** Reissirup |
1 große Tasse Kräutertee | **3EL** Mandelmus |
1 Handvoll Kokosflocken | **1 Prise** Salz

Zubereitung

1. Backofen auf 170°C Ober- und Unterhitze vorheizen.
2. Alle Zutaten bis auf die Kokosflocken aus der Liste miteinander vermengen und in eine Auflaufform geben.
3. Die Kokosflocken darüber streuen und für 20 Minuten im Backofen backen lassen.

Guten Appetit. :-)

Müslisalat

Zubereitungsdauer

20 Minuten

Zutaten für 1 Person

120g Joghurt | **4EL** Haferflocken | **2EL** Leinsamen | **2EL** geviertelte Gurken | **6** halbierte Kirschtomaten | **½ TL** Kreuzkümmelpulver | **1** Zitronenspalte | **etwas** Feldsalat | **1 Prise** Salz und Pfeffer

---

Zubereitung

1. Joghurt gemeinsam mit dem Zitronensaft und Leinsamen in einer Schüssel vermengen und mit Salz, Pfeffer und Kreuzkümmel würzen. Das Ganze in ein Einmachglas geben.
2. Haferflocken, halbierte Tomaten, Gurkenscheiben und zu allerletzt den Feldsalat oben draufgeben.
3. Das Ganze gut durchschütteln und genießen.

Guten Appetit. :-)

Himbeer Quark

Zubereitungsdauer

20 Minuten

Zutaten für 4 Personen

250g Magerquark | **150g** Himbeeren | **100g** Schlagsahne | **25g** Baisertuffs | **3EL** Zucker

---

Zubereitung

1. Die Himbeeren verlesen, waschen und 50g von den Himbeeren mit einem Stabmixer pürieren.
2. Den Baisertuffs grob zerbröseln, die Schlagsahne steif schlagen und gemeinsam mit dem Quark und dem Zucker verrühren.
3. Die restlichen Himbeeren, mit dem Himbeerpüree und dem Baiser unterheben und in Gläser abfüllen.

Guten Appetit. :-)

Melonen Joghurt mit Pistazien

Zubereitungsdauer

20 Minuten

Zutaten für 4 Personen

600g griechischer Joghurt | **4EL** Honig | **2EL** Pistazienkerne | **1 Päckchen** Vanillin-Zucker | **1 kleine** Cantaloup Melone

---

Zubereitung

1. Vanillin Zucker in den griechischen Joghurt geben und einrühren.
2. Die Pistazien kleinhacken und mit dem Honig vermengen.
3. Die Melone halbieren und mit einem Löffel entkernen. Anschließend in Spalten schneiden und das Fleisch von der Schale rauslösen.
4. Nun den Joghurt mit den Melonen und dem Pistazienhonig servieren.

Guten Appetit. :-)

GETRÄNKE

Mandel Bananen Shake

Zubereitungsdauer

10 Minuten

Zutaten für 1 Person

250ml Mandelmilch | **1** Banane | **1 Prise** Zimt | **Optional**: Ahornsirup

---

Zubereitung

1. Die Banane in kleine Stücke schneiden und gemeinsam mit den restlichen Zutaten in einen Mixer geben und ordentlich durchpürieren.
2. Den Shake in ein Glas abfüllen und genießen.

   Guten Appetit. :-)

Fruchtiger Petersilien Smoothie

Zubereitungsdauer

10 Minuten

Zutaten für 1 Person

1 Mango | **1** Orange | **1** Zitrone | **200g** Petersilie | **100ml** Wasser

---

Zubereitung

1. Orange, Mango und Zitrone von der Schale befreien und entkernen.
2. Alle Zutaten aus der Liste nun ordentlich kleinschneiden und in einen Mixer geben.
3. Mit Wasser auffüllen bis die gewünschte Konsistenz erreicht ist und durchmixen.
4. In ein Glas abfüllen und genießen.

Guten Appetit. :-)

Kurkuma Tee

Zubereitungsdauer

5 Minuten

Zutaten für 1 Person

10g Ingwer | **1TL** Zimt | **1TL** Kurkuma | **1 Liter** heißes Wasser | **1 Prise** schwarzer Pfeffer (frisch gemahlen)

Zubereitung

1. Ingwer schälen, fein hacken und gemeinsam mit der Kurkuma, Zimt und dem Pfeffer in eine Teekanne geben.
2. Das Ganze mit dem heißen Wasser übergießen und 5 Minuten ziehen bzw. ruhen lassen.

Guten Appetit. :-)

Obst-Gemüse Smoothie

Zubereitungsdauer

5 Minuten

Zutaten für 1 Person

1 Birne | **10g** Ingwer | **1/4** Salatgurke | **1/2** Zucchini | **150ml** Wasser

---

Zubereitung

1. Salatgurke, Zucchini, Birne und Ingwer ordentlich waschen, schälen und kleinschneiden.
2. Alles in einen Mixer geben und mit dem Wasser zu einem Smoothie mixen.
3. In ein Glas abfüllen und genießen.

Guten Appetit. :-)

Mango Shake

Zubereitungsdauer

5 Minuten

Zutaten für 1 Person

1 Mango (200g) | **10g** Ingwer | **125ml** Kokosmilch | **10** frische Pfefferminzblätter | **100ml** kaltes Wasser | **1TL** Zimt

---

Zubereitung

1. Mango waschen, schälen, entkernen und kleinwürfeln.
2. Anschließend die Mangowürfel gemeinsam mit den restlichen Zutaten aus der Liste in einen Mixer geben und ordentlich durchmixen.
3. In ein Glas abfüllen und genießen.

Guten Appetit. :-)

Apfel Mandel Smoothie

Zubereitungsdauer

5 Minuten

Zutaten für 1 Person

1 Apfel | **1TL** Honig | **1 Prise** Zimt | **20g** Mandeln
250ml Hafer- oder Mandelmilch

Zubereitung

1. Apfel waschen, entkernen und kleinwürfeln.
2. Anschließend die Apfelwürfel gemeinsam mit den restlichen Zutaten aus der Liste in einen Mixer geben und ordentlich durchmixen.
3. In ein Glas abfüllen und genießen.

Guten Appetit. :-)

Beeren Smoothie

Zubereitungsdauer

10 Minuten

Zutaten für 1 Person

200g Erdbeeren | **200g** Himbeeren | **200g** rote Weintrauben | **250ml** rote Beete Saft | **50g** getrocknete Gojibeeren | **1** Granatapfel | **3** Himbeerblätter | **1 Handvoll** Sprossen | **Etwas** brauner Zucker

---

Zubereitung

1. Die Erdbeeren waschen und kleinschneiden.
2. Die Himbeeren sorgfältig verlesen, Granatapfel in zwei Hälften schneiden, das Fruchtfleisch herausklopfen und die Weintrauben ordentlich waschen.
3. Anschließend den Rote Beete Saft gemeinsam mit den Beeren, Granatapfelkernen, Weintrauben, Himbeerblättern, Sprossen und Gojibeeren in ein hohes Gefäß geben und mit einem Stabmixer durchmixen. Je nach Bedarf etwas kaltes Wasser hinzufügen.
4. Für mehr Süße mit etwas Zucker aufpeppen und genießen.

Guten Appetit. :-)

Multivitamin

Zubereitungsdauer

5 Minuten

Zutaten für 2 Personen

5 Saftorangen | **1** Banane | **1** Mango | **150g** Joghurt (0,3% Fett)

Zubereitung

1. Orangen in zwei Hälften schneiden und den Saft ordentlich auspressen.
2. Mango schälen, entkernen und kleinwürfeln.
3. Banane ebenfalls kleinschneiden.
4. Den Orangensaft gemeinsam mit der Mango, dem Joghurt und der Banane in ein hohes Gefäß geben und mit einem Stabmixer durchpürieren.
5. In zwei Gläser abfüllen und genießen.

Guten Appetit. :-)

Möhren Smoothie

Zubereitungsdauer

10 Minuten

Zutaten für 1 Person

2 Möhren | **1** Papaya | **300ml** Dickmilch (1,5% Fett) | **2EL** Agavendicksaft | **½** Limette | **1TL** Rapsöl | **jeweils 1EL** Kürbiskerne und Sonnenblumenkerne

---

Zubereitung

1. Die Möhren waschen, schälen und in grobe Stücke raspeln.
2. Die Papaya waschen, schälen, halbieren, entkernen und kleinwürfeln.
3. Den Saft der Limette ganz gewohnt auspressen.
4. Alle Zutaten aus der Liste in eine Schüssel geben und ordentlich durchmischen.
5. Servieren und genießen.

Guten Appetit. :-)

Honigmelonen Drink

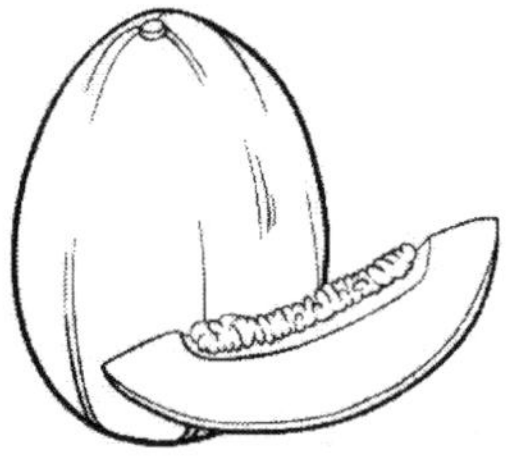

Zubereitungsdauer

10 Minuten

Zutaten für 5 Personen

1 Honigmelone | **1** Bio Zitrone | **1EL** Honig |
1 Liter Wasser | Eiswürfel | **einige** Minzblätter

Zubereitung

1. Die Honigmelone halbieren, das Fruchtfleisch herausschneiden und kleinwürfeln.
2. Die Bio Zitrone halbieren und den Saft in ein Glas auspressen.
3. Eine Hälfte der Honigmelonenwürfel gemeinsam mit Honig, Zitronensaft und Wasser ordentlich durchmixen und anschließend in eine Karaffe füllen.
4. Die zweite Hälfte der Honigmelonenwürfel bis zu 1/3 in Gläser abfüllen. Anschließend die Minzblätter und Eiswürfel drüber geben.
5. Zu guter Letzt den Drink abfüllen und genießen.

Guten Appetit. :-)

Winterpunsch

Zubereitungsdauer

10 Minuten

Zutaten für 4 Personen

500ml Apfelsaft | **500ml** roter Traubensaft | **1 Stange** Zimt | **3** Nelken | **1** Orange (unbehandelt)

Zubereitung

1. Traubensaft, Apfelsaft, Nelken und die Zimtstange in einen hohen Topf geben und bei mittlerer Stufe erhitzen.
2. Orange halbieren und den Saft in eine Schüssel auspressen. Die Schale in acht große Stücke schneiden.
3. Sobald der Punsch anfängt zu kochen, den Herd ausschalten und die acht Schalenstücke mit hineingeben. Den Punsch nun für 10 Minuten auf der Platte ziehen lassen.
4. Nelken, Orangenschalen und die Zimtstange aus dem Punsch nehmen und den Orangensaft einrühren.

Guten Appetit. :-)

Haselnusslikör

Zubereitungsdauer

5 Minuten

Zutaten für 2 Personen

200g Haselnussaufstrich | **200ml** Sahne | **200ml** Milch |
1 Packung Vanillezucker

Zubereitung

1. Die Milch und die Sahne in einen Topf geben und erhitzen.
2. Haselnussaufstrich und Vanillezucker hinzufügen und solange umrühren, bis es sich aufgelöst hat.
3. Abkühlen lassen, in eine Glasflasche abfüllen und kühl lagern.

Guten Appetit. :-)

Früchtepunsch

Zubereitungsdauer

5 Minuten

Zutaten für 4 Personen

1 Liter Trauben- oder Kirschsaft | **1,5 Liter** Wasser |
2 Beutel Tee (Früchtetee Hagebutte mit Hibiskus) | **1 Stange** Zimt |
4 Gewürznelken | **1** Orangen- oder Zitronenschale

Zubereitung

1. Die zwei Teebeutel in einen Topf reinhängen lassen und 1,5 Liter kochendes Wasser reingießen.
2. Nun 1 Liter Trauben- oder Kirschsaft gemeinsam mit den Gewürznelken und der Schale in den Topf geben und bei hoher Hitze aufkochen lassen.

Guten Appetit. :-)

Kaffeelikör

Zubereitungsdauer

3 Minuten

Zutaten für 1 Person

50ml Kirschlikör | **1 Tasse** Kaffee (gekocht) | **etwas** Sahne | **Optional**: Zucker

Zubereitung

1. Den Kirschlikör in den Kaffee geben und einrühren.
2. Optional mit etwas Zucker versüßen und mit der Sprühsahne eine Krone aufsetzen.

Guten Appetit. :-)

Maibowle

Zubereitungsdauer

3 Minuten

Zutaten für 1 Person

2 Zitronen | **600ml** Apfelsaft | **400ml** Mineralwasser | **150ml** Waldmeistersirup
einige Eiswürfel

Zubereitung

1. Den Apfelsaft und das Mineralwasser in eine Schüssel geben.
2. Die Zitronen in zwei Hälften schneiden, den Saft in die Zitrone auspressen und verrühren.
3. Waldmeistersirup ebenfalls hinzufügen und verrühren.
4. Mit Eiswürfel kühl servieren.

Guten Appetit. :-)

Erdbeerweingeist

Zubereitungsdauer

10 Minuten

Zutaten für 3 Person

600g TK Erdbeeren (ungezuckert) | **250ml** kalte Milch | **200g** Puderzucker | **125ml** Weingeist, Primasprit Trinkalkohol (96%) | **1** Vanilleschote | **75ml** Zitronensaft

---

Zubereitung

1. Die tiefgekühlten Erdbeeren in einen Topf geben, bei leichter Hitze auftauen lassen und mit einem Pürierstab durchpürieren.
2. Puderzucker und Milch hineingeben und mit einem Schneebesen vermengen.
3. Das Mark der Vanilleschote herauskratzen und mit gemeinsam mit dem Zitronensaft in den Topf geben und alles gut miteinander verrühren.
4. Unter ständigem Rühren mit dem Schneebesen den Weingeist portionsweise hineingeben.
5. Das Ganze in Glasflaschen abfüllen und kühl lagern.

Guten Appetit. :-)

Karotten Milch

Zubereitungsdauer

10 Minuten

Zutaten für 3 Person

500ml Buttermilch | **2** Karotten | **einige** Petersilienblätter

---

Zubereitung

1. Karotten kleinhacken, in den Mixern geben und ordentlich durchmixen. Anschließend die Karottenmasse mit einem Siebtuch oder auch normalen Küchentuch entsaften.
2. Den Karottensaft nun mit der Buttermilch mixen und in zwei Gläser abfüllen.
3. Etwas gehackte Petersilie ins Glas geben und genießen.

Guten Appetit. :-)

Früchte Bowl

Zubereitungsdauer

20 Minuten

Zutaten für 3 Person

1 Liter Orangensaft | **1 Liter** Pfirsich Maracuja Fruchtsaft |
1 Flasche Wodka | **1 Flasche** Sekt | **jeweils 1** Ananas, Apfel und Birne

---

Zubereitung

1. Die Früchte wie gewohnt schälen und kleinhacken.
2. Die kleingehackten Früchte gemeinsam mit dem Wodka in eine Schüssel geben und über Nacht ziehen lassen.
3. Anschließend die zwei Liter Fruchtsaft hinzufügen.
4. Kurz vor dem Verzehr den kühlen Sekt hineingeben und genießen.

Guten Appetit. :-)

Apfelpunsch

Zubereitungsdauer

20 Minuten

Zutaten für 3 Person

600ml Apfelsaft | **100ml** Orangensaft | **1 Stange** Zimt | **½ TL** Nelken | **1** Sternanis | **½ TL** Zimtpulver

---

Zubereitung

1. Apfelsaft, Orangensaft, Nelken, Sternanis und Zimtstange in einen Topf geben, verrühren und für 5 Minuten bei mittlerer Hitze köcheln lassen.
2. Den Punsch nun durchsieben und die Nelken, Sternanis und die Zimtsange herausnehmen.
3. Zu guter Letzt mit der Zimtstange verfeinern und servieren.

Guten Appetit. :-)

Pina Colada

Zubereitungsdauer

5 Minuten

Zutaten für 4 Person

200ml Kokosmilch | **250ml** Ananassaft | **80ml** Limettensaft | **150ml** Maracujasaft | **12EL** Crushed Eis

---

Zubereitung

1. Alle Zutaten in einen Mixer geben und ordentlich durchmixen.
2. In hohe Gläser abfüllen und genießen.

Guten Appetit. :-)

Rosenbowle

Zubereitungsdauer

5 Minuten

Zutaten für 4 Person

500ml Mineralwasser | **500ml** Apfelsaft | **1 Handvoll** Blütenblätter einer Rose | **2** Orangen | **30ml** Honig | **2 Packungen** Vanillezucker | **50ml** Zitronensaft | **1 Prise** Zucker

---

Zubereitung

1. Orangen halbieren und in ein hohes Gefäß auspressen.
2. Honig, Vanillezucker und Zitronensaft hinzugeben, verrühren und mit Apfelsaft auffüllen. Das Ganze dann in den Kühlschrank stellen.
3. Die Rosenblüten hineingeben und mit dem Mineralwasser auffüllen.
4. Eventuell mit Zucker süßen und servieren.

Guten Appetit. :-)

Alkoholfreier Glühwein

Zubereitungsdauer

10 Minuten

Zutaten für 20 Portionen

2 Liter roter Traubensaft | **1 Liter** Apfelsaft | **700ml** Aprikosensaft | **jeweils 350ml** schwarzer Johannisbeersaft und Holundersaft | **jeweils 100ml** Quittensaft und Zitronensaft | **100g** Heidelbeeren | **etwas** Grenadine | **1EL** gehackte Mandeln | **1 Stange** Zimt | **1** Teebeutel Glühwein

---

Zubereitung

1. Alle aufgelisteten Säfte, Glühweinbeutel und die Zimtstange in einen Topf geben und bei schwacher Hitze für 10 Minuten kochen und ziehen lassen.
2. Den Teebeutel und die Zimtstange herausnehmen.
3. Die kleingehackten Mandeln und die Heidelbeeren hinzugeben und servieren.

Guten Appetit. :-)

Mango Maracuja Drink

Zubereitungsdauer

10 Minuten

Zutaten für 4 Portionen

1 kleine Mango | **2 Stiele** Minze | **750ml** Prosecco | **100ml** Maracujasirup | **100ml** Lillet (französischer Wein Aperitif)

Zubereitung

1. Die Mango schälen, entkernen und in kleine Würfel schneiden.
2. Die Minze waschen, trocken tupfen und die Minzblätter vom Stiel abzupfen.
3. Maracujasirup, Minzblätter, Mangowürfel und einige Eiswürfel in 4 Gläsern verteilen und mit dem Prosecco und dem Lillet auffüllen.

Guten Appetit. :-)

CaiBIERinha

Zubereitungsdauer

10 Minuten

Zutaten für 10 Portionen

6 Bio Limetten | **10EL** brauner Zucker | **2 Liter** Kristallweizen | Bier | Crushed Eis

---

Zubereitung

1. Alle Limetten mit heißem Wasser waschen, trocknen und 5 von 6 Limetten achteln, also kleinschneiden.
2. Die übrige Limette wird in feine Scheiben geschnitten und beiseitegelegt.
3. Den braunen Zucker und die Limettenspalten auf 10 Gläser mit jeweils ca. 300ml verteilen und mit einem Stößel zerkleinern.
4. Die Gläser mit Bier und Crushed Eis auffüllen.
5. Mit den Limettenspalten servieren und genießen.

Guten Appetit. :-)

Coconut Dream

Zubereitungsdauer

10 Minuten

Zutaten für 4 Portionen

400g cremige Kokosmilch | **400ml** Ananassaft | **300ml** Orangensaft | **4EL** crushed Ice | **100g** Schlagsahne | **1** Babyananas | geröstete Kokoschips

---

Zubereitung

1. Orangensaft, Ananassaft, Schlagsahne, Crushed Ice und Kokosmilch in einem Mixer durchmixen.
2. Die Babyananas in feine Spalten schneiden.
3. Den Drink in die Gläser abfüllen und mit den Ananasspalten und den gerösteten Kokoschips garnieren.

Guten Appetit. :-)

Himbeer Caipirinha

Zubereitungsdauer

10 Minuten

Zutaten für 4 Portionen

150ml Zuckerrohrschnaps | **100g** TK Himbeeren | **2** Bio Limetten | **4EL** brauner Zucker | **200g** Crushed Ice

---

Zubereitung

1. Limetten unter heißem Wasser waschen, trocknen und in feine Spalten schneiden.
2. Je Glas 1EL Zucker und Limettenspalten verteilen und mit einem Stößel durchmischen.
3. Die Eiswürfel mit den Himbeeren vermischen und gleichmäßig in den Gläsern verteilen.
4. Mit dem Zuckerrohrschnaps auffüllen und genießen.

Guten Appetit. :-)

Snickers Cocktail

Zubereitungsdauer

10 Minuten

Zutaten für 4 Portionen

120ml Schokoladenlikör | **80ml** Karamellsoße | **60ml** Milch | **60ml** Amaretto | gehackte Erdnüsse | Eiswürfel

---

Zubereitung

1. Etwas von der Karamellsoße auf einen flachen Teller geben. Den Rand des Glases in die Karamellsoße und daraufhin in die kleingehackten Erdnüsse dippen.
2. Anschließend Schokoladenlikör, Karamellsoße, Milch, Amaretto und die Eiswürfel in einem Shaker gut durchschütteln.
3. In 4 kleine Gläser abfüllen und genießen.

Guten Appetit. :-)

Gemüse Molke Drink

Zubereitungsdauer

5 Minuten

Zutaten für 1 Person

100ml Trink-Mole Pur | **50ml** Tomatensaft | **50ml** Orangensaft | **50ml** Möhrensaft | **½ TL** Weizenkeimöl | **1 Prise** Salz, Pfeffer und Zitronensaft

---

Zubereitung

3. Die Molke mit dem Tomaten-, Orangen- und Möhrensaft vermengen.
4. Das Weizenkeimöl einrühren und mit Salz, Pfeffer und Zitronensaft würzen.

Guten Appetit. :-)

Schlusswort

Ich hoffe Ihnen haben die 333 Rezepte gefallen und Sie konnten Ihre Ernährung und auch Ihren Alltag, sei es im Studium als auch im Berufsleben mit leckeren Gerichten deutlich vereinfachen.

Ich würde mich außerdem sehr freuen, wenn Sie mir eine kleine Rezension unter meinem Buch schreiben würden. Das wäre für mich wirklich sehr hilfreich. □
Alles in allem wünsche ich Ihnen noch alles erdenklich Gute und großartige und leckere Mahlzeiten für Sie, Ihre Familie und Freunden.

IMPRESSUM

1. Auflage

Kontakt: Sabri Altindag / Reutersgasse 18, 52080 Aachen
Covergestaltung: fiverr.com

?

HAFTUNGSAUSSCHLUSS

Der Inhalt dieses E-Books wurde mit großer Sorgfalt geprüft und erstellt. Für die Vollständigkeit, Richtigkeit und Aktualität der Inhalt kann jedoch keine Garantie oder Gewähr übernommen werden. Der Inhalt dieses E-Books repräsentiert die persönliche Erfahrung und Meinung des Autors und dient nur dem Unterhaltungszweck. Der Inhalt sollte nicht mit medizinischer Hilfe verwechselt werden.
Es wird keine juristische Verantwortung oder Haftung für Schäden übernommen, die durch kontraproduktive Ausübung oder durch Fehler des Lesers entstehen. Es kann auch keine Garantie für Erfolge übernommen werden. Der Autor übernimmt daher keine Verantwortung für das Nicht-Erreichen der im Buch beschriebenen Ziele
Dieses Buch kann Links enthalten zu anderen Websiten. Auf den Inhalt dieser Webseiten haben wir keinen Einfluss. Deshalb kann auf diesen Inhalt auch keine Gewähr übernommen werden. Die verlinkten Seiten wurden zum Zeitpunkt der Verlinkung auf mögliche Rechtsverstöße geprüft. Für die Inhalte der verlinkten Seiten ist aber der jeweilige Anbieter oder Betreiber der Seiten verantwortlich. Rechtswidrige Inhalte konnten zum Zeitpunkt der Verlinkung nicht festgestellt werden.

Printed in Germany
by Amazon Distribution
GmbH, Leipzig

19305337R00204